Stephanie Palm & Armin Pinl
FACE READING

Stephanie Palm & Armin Pinl

FACE READING

Was das **Gesicht** über die **Persönlichkeit** verrät

Kösel

2. Auflage 2005
Printed in Germany. Alle Rechte vorbehalten
Grafiken: Joachim Schüler/Grafik Design Büro 25, Fulda
Fotos: Stephanie Palm, München
Druck und Bindung: Kösel, Krugzell
Umschlagmotiv: Peter Nicholson/Getty Images
Umschlaggestaltung: Kosch Werbeagentur GmbH, München
ISBN 3-466-34474-3

*Gedruckt auf umweltfreundlich hergestelltem Werkdruckpapier
(säurefrei und chlorfrei gebleicht)*

Inhalt

9 Vorwort

11 Ein Wort vorab ...

13 **Gesichtspunkte**
13 Alles nur schöner Schein? Garderobe und soziales Miteinander
14 Ist unser Aussehen wirklich nur Zufall?
15 Der kleine Unterschied: Männergesichter – Frauengesichter
16 Was uns am Herzen liegt – und was wir herzlich wenig wünschen
17 Wer kann das nutzen? Oder: »Was bringt mir das?«
17 Wie entsteht die Persönlichkeit? Ist Vererbung alles?
   Oder: »Du bist wie deine Mutter!«
18 Erfahrung und Erziehung oder: »... und am Samstag wird
   die Straße gekehrt!«

20 **Wie ist das Gesicht gegliedert? Oder:
   Was kommt wo zum Ausdruck?**
21 Wie Sie mit der Grafik in der Buchmitte arbeiten
23 Die Stirn: Das Denkleben des Menschen
28 Die Augen: Denkart und Gedankenkraft
31 Die Nase: Der Selbstverwirklichungswille des Menschen
37 Wangen und Jochbeine
40 Die Ohren: Unsere seelischen Tiefenschichten
43 Das Pallium: Die Art der Wahrnehmung eigener Interessen
45 Der Mund: Unser Gefühlsleben
50 Das Kinn: Der Antriebsimpuls zur Umsetzung in die Tat
52 Die Unterkieferbogen: Unser Verhalten im Handlungsprozess

54 Alles ist Energie oder: Einladung zum Kaffeekränzchen
57 Was ist Energie?

61 Gefühlsenergie – GEFÜHL
63 Motivation & Psychogramm

75 Verwirklichungsenergie – REALITÄT
78 Motivation & Psychogramm

88 Verstandesenergie – STRUKTUR
90 Motivation & Psychogramm

102 Veränderungsenergie – VISION
104 Motivation & Psychogramm

116 Gespiegelte Gesichtshälften
117 Nicht ganz offensichtlich, aber von tiefer Bedeutung

121 Die Mischung macht's – Motivation & Psychogramm
121 Struktur + Vision
123 Struktur + Realität
124 Realität + Vision
125 Realität + Gefühl
127 Gefühl + Struktur
128 Gefühl + Vision
130 Viiiel Gefühl + Realität + Struktur
131 Gefühl + viiiel Struktur + Realität

133 Alles ist relativ!

135 Gesucht: Der geniale Allrounder

138 Ein Tag im Leben des Herrn X

141 Wie bin ich? Wer bin ich? Warum bin ich, wie ich bin?

144 Haarscharfe Beobachtungen

147 Punkt-Punkt-Komma-Strich, fertig ist das Mondgesicht?

151 Was wissen wir nun über den Menschen?

154 Ein kleines Dankeschön
156 Buchempfehlungen
157 Kontakt

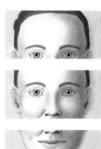

Vorwort

> Man erwirbt sich vielleicht durch das,
> was man anregt, mehr Verdienst,
> als durch das, was man selbst vollbringt.
> *Johann Wolfgang von Goethe*

Wenn die Saat ausgestreut ist, beginnen die Keime zu sprießen. Da wächst dann etwas heran, welches seine Wurzeln im ganz Individuellen hat, in der Familie und im Kulturkreis seine Prägungen empfängt und in der weiteren Entwicklung die Knospen und Blüten zeitigt, die eine Pflanze nur hervorbringen kann.

In diesem Buch liegen die Früchte vor, die aus der Verwurzelung im physiognomischen System Carl Huters (1861–1912) mit der Aufmerksamkeit und Freude daran, den Mitmenschen mit Fragen und Antworten herauszufordern, gewachsen sind.

Die Herausforderung an den Menschen, aufmerksamer mit sich und dem Mitmenschen umzugehen, möge durch dieses Werk zu mehr Verständnis füreinander gedeihen.

Den Autoren wünsche ich mit ihrem ersten Buch viel Erfolg und in ihrer Arbeit mit der Psycho-Physiognomik Glück und Segen.

Wilma Castrian – Juni 2003

Ein Wort vorab ...

Warum bin ich so, wie ich bin? So stimmig und harmonisch einerseits, so völlig authentisch und in meiner Mitte – und im nächsten Moment höchst widersprüchlich und unausgewogen? Wer bin ich wirklich – besonders dann, wenn ich mit mir alleine bin, wenn ich in den Spiegel sehe – oder andere mir »einen Spiegel vorhalten«? Wo ist mein Platz in dieser Welt? Habe ich ihn schon gefunden oder bin ich noch auf der Suche?

Wenn Sie sich dies oder Ähnliches fragen, sind Sie bereit für dieses Buch.

Es ist Ihnen gewidmet, denn Sie möchten sich auf die anstrengende, unbequeme Suche zu sich selbst begeben und sind dabei, sich von der Person zur Persönlichkeit zu entwickeln. Denn nur wer ent-wickelt, was gut eingewickelt in ihm steckt, kann Profil zeigen, zu sich stehen. All dies hilft uns dabei, bewusster mit uns und anderen umzugehen und führt zurück zu mehr Toleranz und zu einem menschlichem Umgang miteinander.

Ein Hinweis: Schon kurz nach dem Start unserer Zusammenarbeit war uns bewusst, dass wir gerade dabei waren, etwas Neues und in dieser Form so noch nicht präsentiertes Wissen auf den Markt zu bringen. So meldeten wir beim Deutschen Patentamt eine »Registered trademark« mit dem Namen *FACE-ination: Faszination Gesicht*® an. Dieser Begriff wird Ihnen im Buch immer wieder begegnen – er ist unsere »eigene Marke«. Erst sehr viel später ging es dann zur Titelfindung des Buches: *Face Reading*. Die beiden Namen lauten also im ersten Teil des Wortes gleich, bedeuten aber Unterschiedliches.

Beide jedoch weisen einen aufregenden und entdeckungsreichen Weg zur Selbsterkennung, den Sie nun beschreiten und auf dem wir Sie auf den kommenden Seiten mit Freude begleiten werden.

Stephanie Palm & Armin Pinl

Gesichtspunkte

Gesichter laden dazu ein, den Blick auf ihnen ruhen zu lassen, sie zu studieren und haben oft eine äußerst attraktive, manchmal auch geheimnisvolle oder sogar eine unangenehme Wirkung auf uns. Ganz unwillkürlich steigen Gefühle in uns hoch, die uns dazu verführen, unser Gegenüber als »(un)sympathisch«, »gutmütig«, »griesgrämig« usw. einzuordnen. So gesehen sind Gesichter weit mehr als die sichtbare Oberfläche und veranlassen uns unbewusst zu einer tiefer gehenden Interpretation des Gesichts als Ausdruck von Geist und Seele: Diese Sichtweise kommt allen entgegen, die der Meinung sind, dass Anziehung mehr ist als pure Äußerlichkeit.

Alles nur schöner Schein? Garderobe und soziales Miteinander

Unumstritten ist die Tatsache, dass ein kompetentes äußeres Erscheinungsbild maßgeblich zum beruflichen Erfolg beiträgt und es steht auch privat außer Frage, dass wir modern denken, handeln und uns darstellen, um up to date zu sein.

Genügt dies aber tatsächlich, um uns und unserem Kern näher zu kommen? Worin liegt das Geheimnis der Menschen, die wir für glaubwürdig, authentisch und ernst zu nehmend halten? »Eindruck kommt von Ausdruck« weiß der Volksmund – und so entscheidet letztlich neben dem berühmten ersten Eindruck unser persönlicher Ausdruck darüber, ob ein profilierter oder ein profaner Eindruck zurückbleibt, wenn wir gehen.

Wir sind der Meinung, dass Schönheit und Individualität mit der Geschwindigkeit und Tiefe des Blicks entstehen, und laden Sie mit unserem Buch zum genauen Hinsehen ein – einer Kunst, die uns heutzutage abhanden gekommen zu sein scheint.

»Soft Skills« – Qualitäten im zwischenmenschlichen Bereich also – ist ebenfalls ein inflationär gebrauchtes Schlagwort unserer Tage: Wo bleibt unsere Menschlichkeit im wertschätzenden Umgang miteinander? Was nützt das beste Etikette-Seminar, wenn wir unfähig sind, gesellschaftliche Regeln mit der Fähigkeit zu verbinden, uns auf unser Gegenüber einzulassen, es anzuschauen?

Für ein Zusammenleben und den Umgang miteinander ist es sehr hilfreich, Regeln zu kennen, aber auch die Unterschiede, die uns vom Gegenüber unterscheiden: Nehmen wir die Bedürfnisse des anderen – aber auch unsere eigenen – ernst, dann überprüfen wir damit auch unser eigenes Verhalten und wertschätzen uns selbst in unserer Einmaligkeit.

Denn: Sich selbst erkennen bedeutet auch, den anderen so anzunehmen, wie er ist. Wir möchten Ihnen ein Instrument vorstellen, das Ihnen gelebte soziale Kompetenz in Beruf- und Privatleben ermöglicht – wertvolle, gesunde Sozialbeziehungen tragen genauso zu Ihrem Erfolgsbewusstsein bei wie Fax und Fon, Mail und Maus.

Ist unser Aussehen wirklich nur Zufall?

In der Natur geschieht nichts zufällig, alles hat seinen Sinn und dient einem Zweck. Deshalb liegt die Vermutung nahe, dass auch wir – als Bestandteil der Natur – nicht zufällig so aussehen, wie wir aussehen, sondern dass wir so aussehen, weil wir *so sind*, wie wir aussehen. Alles, was wir tun, ist Ausdruck unseres Wesens. Wir reagieren so, wie es uns gemäß ist und hinterlassen mit unserem Ausdruck einen Eindruck. Ebenso formen Eindrücke, die wir vom Leben zurückerhalten, unseren äußeren Ausdruck. Schon Hermes Trismegistos formulierte es in der Tabula Smaragdina ähnlich: »Was oben ist, ist gleich dem, was unten ist, und was unten ist, ist gleich dem, was oben ist – fähig, die Wunder des Einen zu vollbringen.«

Nur durch die Fähigkeit des höheren Denkens – auch als Vernunft bekannt – und dem Willen zur bewussten Lebensgestaltung und -entwicklung unterscheiden wir uns von Tieren, Pflanzen und der unbelebten Schöpfung (oder konnten Sie bei Ihrem Hund schon einmal einen grübelnden Augenausdruck verbunden mit der Fragestellung: »Wer bin ich wirklich?« erkennen?).

Das war in nahezu allen Zeiten die vielleicht zentralste Frage des Menschseins und ist es noch, heute mehr denn je: Wir leben in einer Zeit, die sich in höchstem Maße verstandesorientiert zeigt – und in einer kopfgesteuerten Gesellschaft, in der scheinbar nur noch messbare Effizienz oder das wissenschaftlich Überprüfbare zählen. Viele Menschen wollen und können so nicht weitermachen. Sie möchten zum Wesentlichen des Menschseins zurück – und mehr Herz, Menschlichkeit und emotionale Weisheit in ihr Leben integrieren. Sie suchen nach ihrer Identität und einer Individualität, die ihrem Leben Sinn und Inhalte gibt.

Sie können es drehen und wenden, wie Sie möchten, Sie können anderer Meinung sein, doch eines ist Fakt: Über unser Gesicht als Projektionsfläche rufen wir bei unseren Mitmenschen immer eine geistige oder seelische Reaktion hervor.

Der kleine Unterschied: Männergesichter – Frauengesichter

Grundsätzlich lässt sich feststellen, dass Männer im Vergleich zu Frauen die markanteren Gesichtszüge haben. Als typisch männlich können wir beispielsweise die starke Entwicklung der Überaugenwülste, kantig betonte Kinnformen, tiefer in den Augenhöhlen ruhende Augen, größere Nasen und die flächigeren Gesichtszüge in der mittleren Gesichtspartie bezeichnen. Die männliche Haut wirkt bisweilen etwas grobporiger.

Im Gegensatz dazu haben Frauen meistens größere Augen, konkavere Nasen und kleinere, fein gerundete Kinnformen, die etwas zurückliegend sind. Oft ist der obere Stirnbereich betont. Außerdem finden wir bei Frauen insgesamt kleinere Gesichter (in der Regel 4/5 der männlichen Gesichtsfläche). Weibliche Gesichter wirken weicher, denn die Einzelkomponenten wie zum Beispiel Augen, Mund und Wangen sind im Allgemeinen gerundeter, die Gesichtsmuskulatur weniger gespannt. Das typisch weibliche Unterhautfettgewebe modelliert zudem nicht nur am Körper, sondern auch im Gesicht weichere Formen.

Da nahezu in jedem Gesicht sowohl männliche als auch weibliche Formelemente vorkommen, ist es nicht möglich, eine eindeutige Unterscheidung nach männlichen und weiblichen Ausdrucksformen zu treffen. Untersuchungen belegen jedoch: Maskulin-männlich wirkt auf uns Menschen alles, was kantig, gespannt, groß und grobporig ist; weiblich-feminin mutet an, was gerundet, weich, klein und feinporig ist.

Was uns am Herzen liegt – und was wir herzlich wenig wünschen ...

Auch – oder gerade in unseren modernen Zeiten suchen immer mehr Menschen nach ihrer Identität, die sich zunehmend im Trubel des Alltags, der Schnelligkeit und Hektik verliert. Unsere Betrachtung der Persönlichkeit fußt auf der psychologischen Physiognomik und der menschlichen Morphologie. Sie bindet die Biophysik ebenso ein wie die Bioenergetik und berücksichtigt auch die Genetik. Wir bieten Ihnen einen ganzheitlichen Ansatz an, mit dem Sie sich selbst näher kommen, besser verstehen und lernen, sich selbst und andere Menschen neu zu sehen.

Uns in einem neuen Licht zu betrachten heißt immer auch, Einblicke hinter die Bühne des Lebens zu erhalten und andere Sichtweisen zuzulassen. Diese führen häufig dazu, dass wir in unserer Entwicklung plötzlich entscheidend vorankommen.

Wir hoffen, weit davon entfernt zu sein, ein hohles und oberflächliches Bild von Menschen zu zeichnen. Das unterschiedliche Zusammenspiel von Körper, Geist und Seele bringt immer wieder neue Gesichter hervor – und macht jeden von uns unverwechselbar, einmalig. Deshalb darf es unter keinen Umständen passieren, den anderen abzuurteilen, ihn in eine Schublade zu stecken!

In erster Linie geht es uns nicht darum, eine weitere Typologie, ein neues »System« vorzustellen, ganz im Gegenteil: Wir selbst *sind* das System, wir haben alles in uns – in den unterschiedlichsten Kompositionen zwar, dennoch vollkommen und einmalig. Wir sind aus den verschiedensten Facetten zusammengesetzt, mosaikartig gewebt, schillernd wie ein Prisma: Sie selbst suchen sich mithilfe dieses Buches in einer Art »Modulsystem« zusammen, was Sie einmalig und unverwechselbar macht. So erhalten Sie eine völlig neue, höchst individuelle Sichtweise darüber, was Sie antreibt und wo Ihre Möglichkeiten liegen.

Grundvoraussetzung jeden menschlichen Kontaktes ist für uns eine wohlwollende, liebevolle Betrachtung des Gegenübers, die ermöglicht, den Menschen, der uns gegenübersteht, in seinen Grundanlagen und Potenzialen zu erfassen.

Dieses Buch hält ein reichhaltiges Wissens-Buffet bereit – Sie haben die freie Auswahl und können sich nehmen, so viel und so oft Sie wollen. Es ist verführerisch, solch eine Auswahl zu haben, denn damit steigt die Wahrscheinlichkeit, sich zu viel aufzuladen. Deshalb schlagen wir Ihnen vor, immer wieder einmal ein Häppchen zu nehmen, es gut zu verdauen, indem Sie Ihre Mitmenschen aufmerksam betrachten – und sich erst dann einen Nachschlag zu holen. Zu unserem Thema passend könnte man es so formulieren: Beobachtete, erlebte und verstandene An-*sicht*-en haben gute Aus-*sicht*-en!

Wer kann das nutzen? Oder: »Was bringt mir das?«

Eltern und Pädagogen beispielsweise, die Neigungen und Eigenarten der Kinder verstehen wollen, Talente fördern und erkennen möchten. Regisseure, die zu bestimmten Charakteren Menschen auswählen möchten, die diesen Charakter ausfüllen. Auch Personalentwickler und Entscheider in Firmen, die ein zusätzliches Instrument benötigen, mit dem sie Menschen an die richtigen Stellen in Firmen setzen können und so die Fluktuationsrate senken. Oder Trainer und Berater. Überhaupt alle Menschen, die gelassener und klarer kommunizieren wollen, die hinter die Kulissen schauen und Menschen jenseits von Zwängen und Oberflächlichkeiten dazu ermuntern wollen, authentisch aufzutreten.

Wie entsteht die Persönlichkeit? Ist Vererbung alles? Oder: »Du bist wie deine Mutter!«

Theorien über Vererbung und Anlage gehen davon aus, dass moralische Qualitäten, Begabungen, Talente und der IQ mit der Zeugung des Kindes festliegen und nur wenig über Erziehung und Lebensumstände korrigierbar sind. Zweifellos spielt die Vererbung auch bei der Persönlichkeitsbetrachtung eine wichtige Rolle.

Und doch hat der Mensch über sein Bewusstsein die Gabe, Konsequenzen aus der genetischen Anlage zu ziehen; dies ist von großer Bedeutung: Für die endgültige Gestaltung Ihrer Persönlichkeit ist es also weniger entscheidend, was Sie mitbringen, sondern, was Sie daraus machen: Bei jedem Samenkorn wird, sobald es in die Erde gepflanzt ist, ein genetisches Programm aktiviert, das bewirkt, dass sich aus dem Korn die Pflanze entwickelt. Wäre Vererbung alles, dann würde jede Pflanze gleich aussehen. Neben dem genetischen Code sind aber

Wetter, Wind und Bodenbeschaffenheit entscheidend für das Aussehen und Gedeihen der Pflanze.

Beim Menschen ist das ganz genauso.

Dazu kommt noch der entscheidende Unterschied: Das Bewusstsein. Es ist die Fähigkeit, sich sozusagen trotz nicht optimalen Bodens und widriger Umstände im Leben bestmöglich über die Kraft des Geistes zu entwickeln. Vererbung und Anlage sind mächtig, aber nicht übermächtig: Aus einem Sonnenblumenkern wird zwar nie ein Kürbis, aus einem Fußballtalent entpuppt sich nur selten eine Primaballerina, dennoch gilt: Der Geist formt letztlich die Individualität des Menschen.

Wir fokussieren uns mit diesem Buch weniger auf genetische Zusammenhänge zwischen den Generationen oder vererbte Eigenschaften, sondern wollen Ihnen Mut machen mit der Botschaft, dass hinter jeder Eigen-Art ein Potenzial steht, das Sie positiv für sich nutzen können. »Du bist wie deine Mutter!« erscheint so in einem viel wertneutraleren Licht, denn Sie haben immer die Wahl, sich im Rahmen Ihres Lebens wohlwollend und liebevoll für den positiven Aspekt dieser Aussage zu entscheiden.

Wir alle haben Eigen-Arten und Eigenschaften, die man im Gesicht sehen kann, wir sind ihnen jedoch nicht willenlos ausgeliefert: Veränderung ist möglich. Deshalb verändert sich unser Gesicht im Laufe des Lebens immer wieder – auch wenn die Grundzüge erhalten bleiben.

Erfahrung und Erziehung oder: »... und am Samstag wird die Straße gekehrt!«

Erfahrung ist ebenso auf dem Ge-*sicht* *sicht*-bar: Ein schweres Leben, Alkoholmissbrauch, harte Arbeit, Drogenkonsum etc. haben zur Folge, dass das Gesicht entsprechend verhärmt, verlebt und verbraucht aussieht. Ausgeglichene Lebensumstände und ein Leben in Frieden, Freiheit und Zufriedenheit zeichnen Gesichter ebenso.

Keine Frage: Erziehung ist das halbe Leben! Wir alle haben Regiebücher im Kopf, die uns beim Drehen unseres Lebensfilms helfen: Das ist wichtig, richtig und sinnvoll, denn sonst würden wir an der Fülle der angebotenen Informationen ersticken. Wenn im Drehbuch steht »... und am Samstag wird die Straße gekehrt«, so gibt uns diese Aufforderung einerseits ein Stützkorsett zur Strukturierung des Samstags. Andererseits stehen uns unsere Drehbücher manchmal enorm im Weg, weil sie unser Denken, Handeln und Fühlen einengen. Spätestens, wenn der Umkehrschluss gelebt wird »Heute wird die Straße gekehrt, also muss es Samstag sein«, ist es an der Zeit, überholte Muster, Zwänge und Glaubenssätze zu revidieren und damit neue Rollen, Werte und anderes Gedankengut zuzulassen.

Auch dabei wollen wir Ihnen wertvolle Impulse geben: Mit der Interpretation von Gesicht und Vitalenergie möchten wir Sie ermutigen, Ihre individuellen Grundanlagen klarer zu erkennen und zu hinterfragen, ob Sie Ihr Potenzial, Ihre Möglichkeiten leben. Und damit könnten Ihre Samstage in Zukunft völlig anders verlaufen.

Wie ist das Gesicht gegliedert? Was kommt wo zum Ausdruck?

Diese Grafik soll Ihnen einen kurzen Überblick darüber geben, was grundsätzlich wo in unserem Gesicht zum Ausdruck kommt:

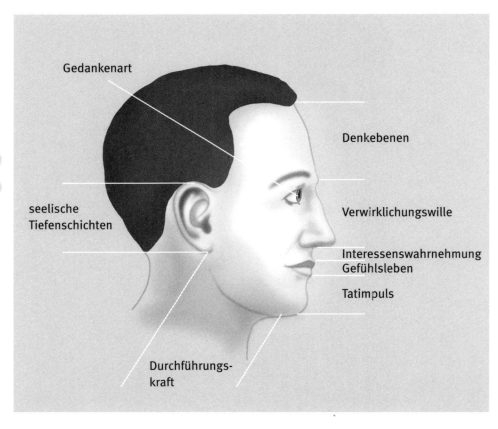

Es ist leicht zu erkennen, wie viele unterschiedliche Ausdrucksformen das menschliche Gesicht zeigt und welche Vielfalt es an Individualität widerspiegelt. Wenn wir nun noch näher »heranzoomen« und uns einen Bereich wie zum Beispiel Stirn, Augen, Kinn usw. näher ansehen, entdecken wir wiederum einen ganz eigenen Kosmos, der jeder für sich eine Entdeckungsreise wert ist.

In den folgenden Abschnitten werden wir uns auf den Weg machen und uns zunächst auf diese Hauptausdruckszonen des Gesichts fokussieren. Später dann, bei den Kapiteln über Persönlichkeitstypen (ab Seite 61) gehen wir noch tiefer ins Detail. Doch zunächst einmal laden wir Sie ein, sich auf die genannten Ausdruckszonen gedanklich und spielerisch einzulassen: Hinter jedem der Abschnitte finden Sie eine *Selbstbildabfrage*.

Wie Sie mit der Grafik in der Buchmitte arbeiten

In der Buchmitte finden Sie ein farbiges Schema, das wir »*Motivation & Psychogramm*« genannt haben. Dort tragen Sie bitte alle Ergebnisse der *Selbstbildabfrage* ein (von den Seiten 27–53), die sich aus insgesamt 61 unterschiedlichen Aussagen für Sie als richtig erweisen. Dabei steht **G** für GEFÜHL, **R** für REALITÄT, **S** für STRUKTUR und **V** für VISION. Beispiel: Zum Thema »Stirn« haben wir vier unterschiedliche Statements vorbereitet. Eine davon trifft in besonderem Maße auf Sie zu. Nehmen wir an, Sie geben sich hier ein »**R**«, dann übertragen Sie dies in das Schema: Ausgehend vom Inneren des Fadenkreuzes markieren Sie nun den ersten Buchstaben Ihres Persönlichkeitsanteils – in diesem Falle ein **R** für REALITÄT.

Nun geht es im Text weiter, bis Sie zu den Aussagen über die Augen kommen. Hier verfahren Sie genauso, geben sich entsprechend dem Bild, das Sie von sich selbst haben, Ihren Punkt. So verfahren Sie weiter – aufsteigend von innen nach außen. Wenn Sie in der Lektüre beim Unterkiefer angelangt sind, hat sich mithilfe des Schemas ein Bild verdichtet.

Sie verbinden nun die jeweils letzten markierten Punkte auf dem Fadenkreuz mit einer Linie zu einer geometrischen Figur. Mit dieser Figur erkennen Sie dann ganz klar, wie Sie sich selbst wahrnehmen, beispielsweise mit Schwerpunkten in den Bereichen REALITÄT und GEFÜHL.

Im Kapitel »Die Mischung macht's« (Seite 121 ff.) finden Sie vor den Beschreibungen der kombinierten Persönlichkeitsanteile mehrere Beispiele, wie dies aussehen könnte. Wir möchten Ihnen dadurch die Zuordnung erleichtern. Suchen Sie hier die Grafik, welche der Ihren am ähnlichsten ist und lesen Sie dazu die grundsätzliche Beschreibung zu Ihrer Persönlichkeit. Entdecken Sie die Parallelen?

Durch Ankreuzen des gelben Feldes in den jeweiligen Ecken des Psychogramms können Sie ausdrücken, in welcher Energie Sie sich selbst in der gegenwärtigen Lebensphase sehen (vgl. hierzu Seite 117, »Nicht ganz offensichtlich, aber von tiefer Bedeutung«). Natürlich können Sie dieses *Face Reading* auch gemeinsam mit jemand anderem vornehmen.

In der Selbstbildabfrage finden Sie außerdem eine Seitenangabe, unter der Sie die entsprechende physiognomische Feininterpretation nachlesen können. In unserem Beispiel haben Sie sich bei »Stirn« zur Aussage 4 = R entschlossen. Auf Seite 79 erfahren Sie jetzt, dass Sie »eine betonte Unterstirn« haben und wie wir dies psycho-physiognomisch interpretieren, welche Potenziale und Fähigkeiten hinter dieser Stirnform stehen. Und nun wird es richtig spannend: Mit einem Blick in den Spiegel sehen Sie, ob diese Aussage sich auch in Ihrem Gesicht widerspiegelt. Dieses Spiel können Sie natürlich auch mit Freunden, Ihrem Partner oder Ihrer Familie wiederholen! So erfahren Sie, wie andere Sie wahrnehmen.

Eine weitere Möglichkeit: Sie betrachten Ihr Gesicht aufmerksam im Spiegel und nehmen die Farbseiten in der Buchmitte (Seite IV – VII) mit dem Titel »*Merkmalsprotokoll*« zur Hand. In der Zeile des jeweils angekreuzten Merkmals finden Sie eine entsprechende Seitenzahl. Dort können Sie dann die Beschreibungen mit Ihrem Spiegelbild vergleichen und der Frage nachgehen: Bin ich tatsächlich so, wie ich aussehe? Das Merkmalsprotokoll ermöglicht also jederzeit einen schnellen Zugang zu Bedeutung und Aussage von bestimmten Ausdrucksformen im Gesicht.

Es macht Spaß, sich in vielen Punkten als »deckungsgleich« mit anderen Wahrnehmungen zu erleben. Wahrnehmungen, die davon abweichen, geben Anlass zum Nachdenken und zur Diskussion.

Die Stirn: Das Denkleben des Menschen

Mit dem *Homo erectus* kam ein Wesen in diese Welt, dessen Gehirnmasse um etwa die Hälfte größer war als das seiner Vorgänger.
- Der *Homo habilis*, der »befähigte Mensch« (2,1 bis 1,5 Millionen Jahren), hatte ein Hirnvolumen von 500 bis 650 cm^3.
- Das Hirnvolumen beim *Pithecanthropus erectus* (dem »aufrechtgehenden Affenmenschen«, wie ihn Eugène Dubois 1891 nannte) wuchs auf 750 bis 1250 cm^3.
- Zeitlich versetzt entwickelte sich der *Homo sapiens neanderthalensis* (220.000 – 27.000 Jahre): Der »verständige Mensch aus dem Neandertal« wurde 1856 von Johann Carl Fuhlrott im Neandertal bei Düsseldorf gefunden und wies ein Hirnvolumen von 1200 bis 1750 cm^3 auf.

Im Laufe der Evolution entwickelte sich also ein immer größeres Hirnvolumen. Das Gehirn ist bei uns Menschen der Neuzeit unmittelbar hinter dem Stirnbein (Os frontale) lokalisiert. Parallel dazu kam es zu einer äußeren Formveränderung der Stirn, die beim frühen Menschen noch stark fliehend und niedrig ausgeprägt war. Heutzutage ist sie höher und auch deutlicher nach vorne gewölbt.

»Denken ist Glückssache!« – tatsächlich sind solche Entwicklungen für den geistigen Jetzt-Stand der Menschheit ein Glücksfall und sicher ist es kein Zufall, dass wir die Stirn zum Synonym für das Denkleben des Menschen erklären: die Gedankenschmiede.

Wir unterteilen sie horizontal in drei Ausdruckszonen: die Ober-, Mittel- und Unterstirn. Hier zeigen sich die unterschiedlichen Ebenen der Bewusstwerdung, mit denen wir sowohl die äußere Welt als auch unsere innere Welt erfassen und reflektieren.

Über die **Unterstirn**, an der das rationale Denken zum Ausdruck kommt, können wir alle physikalisch beschreibbaren Phänomene einordnen. Wir speichern sie in unserem Gedächtnis, rufen sie ab und können ihnen dadurch einen praktischen Nutzen abgewinnen; wir erinnern uns an das Prinzip von Ursache und Wirkung, suchen nach einfachen Lösungen und Anwendungen für die Praxis des täglichen Lebens. Doch wir wären keine Menschen, wenn wir uns allein damit zufrieden geben würden: Wir hinterfragen Dinge, wollen enträtseln, warum sie so sind, wie sie sind, und wir suchen nach Gesetzmäßigkeiten, um das Leben und seine Hintergründe zu entschlüsseln. Wir wollen wissen, was uns und andere bewegt, was »... die Welt im Innersten zusammenhält«.

Was sich jedoch aus diesen Denkprozessen ergibt, ist von Mensch zu Mensch unterschiedlich und bleibt – solange wir streng logisch vorgehen – Spekulation oder Philosophie.

Hierzu eine kleine Anekdote:
Ein Mann in einem Heißluftballon hat sich verirrt, geht deshalb ein wenig tiefer und sichtet eine Frau am Boden. Er wirft noch einige Sandsäcke ab und ruft: »Entschuldigung, können Sie mir helfen? Ich habe einem Freund versprochen, ihn vor einer Stunde zu treffen und weiß nicht, wo ich bin!«

Die Frau am Boden antwortet: »Sie sind in einem Heißluftballon in ungefähr 10 m Höhe über Grund. Sie befinden sich zwischen 40 und 41 Grad nördlicher Breite und zwischen 59 und 60 Grad westlicher Länge.«

»Sie müssen Ingenieurin sein«, ruft der Ballonfahrer.

»Bin ich«, antwortet die Frau, »woher wussten Sie das?«

»Nun«, sagt der Ballonfahrer, »alles, was Sie mir sagten, ist technisch korrekt, aber ich habe keine Ahnung, was ich mit Ihren Informationen anfangen soll, und Fakt ist, dass ich immer noch nicht weiß, wo ich bin. Offen gesagt, Sie waren mir keine große Hilfe, Sie haben höchstens meine Reise noch weiter verzögert.«

Die Frau antwortet: »Sie müssen im Management tätig sein!«

»Ja«, antwortet der Ballonfahrer, »aber woher wussten Sie das?«

»Nun«, sagt die Frau, »Sie wissen weder, wo Sie sind, noch, wohin Sie fahren. Sie sind aufgrund einer großen Menge heißer Luft in Ihre jetzige Lage gekommen. Sie haben ein Versprechen gemacht, von dem Sie keine Ahnung haben, wie Sie es einhalten können und erwarten von den Leuten unter Ihnen, dass sie Ihre Probleme lösen. Tatsache ist, dass Sie in exakt der gleichen Lage sind wie vor unserem Treffen, aber jetzt bin irgendwie ich schuld!«

(Verfasser unbekannt)

Wir Menschen haben also nicht nur die Fähigkeit, faktisch-rationale Informationen aus unserer Umwelt aufzunehmen, wir können auch unser inneres, ureigenstes Wesen wahrnehmen: Wir fühlen, sehen, riechen, schmecken und tasten uns durchs Leben – und entwickeln so ein Gefühl für uns selbst und andere!

Doch wozu? Auch wenn wir nicht beständig über uns nachdenken würden, könnten wir überleben. Worin liegt der Nutzen – nicht nur für unsere eigene Entwicklung, sondern für die Weiterentwicklung der Menschheit insgesamt?

Tatsache ist, dass wir als soziale Wesen konzipiert sind – und uns nicht alleine auf diesem Planeten aufhalten. Unsere Handlungen haben Konsequenzen, die nicht nur kurz-, sondern auch mittel- und langfristig wirken. Für ein Überleben sind wir nicht nur auf Mutter Erde angewiesen, sondern auch auf unsere Mitmenschen. Soziales Denken ist also in gewisser Weise zunächst Selbstzweck, um die Fortpflanzung und Erhaltung der eigenen Art zu sichern, denn der »intelligente Egoist kooperiert«.

Mit unserem Bewusstsein steigert sich unsere Fähigkeit, sozialkompetent zu reagieren. Damit erhöht sich zugleich die Wahrscheinlichkeit, als vernunftbegabtes Wesen ein friedliches und erfülltes Leben zu führen. Wir entwickeln ein Gespür dafür, wie sich unsere Entscheidungen auf andere auswirken, wissen intuitiv, wie ein Zusammenleben funktioniert: Erst wenn wir das rationale Denken als solide Basis für höhere Einsichten nehmen, wenn wir also über die Fähigkeit verfügen, die *sichtbare* Welt wahrzunehmen und sie mit der *unsichtbaren* Welt zu *verbinden*, bekommen wir eine sehr persönliche, innere Klarheit.

So gesehen sind nicht nur unsere Anlagen entscheidend, sondern ebenso unsere Entscheidungen, die wir bewusst mit dem Verstand treffen:

Die **Oberstirn** zeigt uns, wie der Mensch seine innere Welt wahrnimmt und sich ihrer bewusst wird. Wir erfassen diese Welt ganz intuitiv, ihre Sprache hat Symbolcharakter und ist Ausdruck der lebendigen Seele. Zu allen Zeiten gab es Menschen, die diese Symbolsprache bildlich gedeutet haben. Häufig wurden sie missverstanden und natürlich gab es auch Fehldeutungen, denn unsere Wahrnehmung ist immer subjektiv. Sie unterliegt zum Beispiel dem Zerrbild eigener Interessen und ist abhängig von Zeitströmungen. Wir möchten darauf hinweisen, dass dies auch für die Naturwissenschaften gilt, die sich eng an Mess- und Prüfbares hält. Forschung und Philosophie sind also gleichermaßen immer nur der letzte Stand des Irrtums.

Die **Mittelstirn** verbindet sozusagen die Qualitäten von Ober- und Unterstirn und stellt daraus ein sinnvolles Ganzes her. Über die spekulative Lebensfrage »Was wäre, wenn …« kommen wir damit wahrscheinlich in unserer seelisch-geistigen Entwicklung weiter, sie leitet aber auch ganz handfeste Innovationen ein. So wäre beispielsweise das Rad wohl niemals erfunden worden, hätte sich niemand diese Frage gestellt ...

Die beschriebene Dreiteilung in Ober-, Mittel- und Unterstirn lässt sich aber noch feiner auflösen: Wir können die Stirn in *sieben* horizontal verlaufende Stirnregionen unterteilen:
- In der Unterstirn befinden sich drei;
- in der Mittelstirn eine;
- in der Oberstirn gibt es weitere drei Regionen.

Im Bereich der **Unterstirn** beginnt die erste Stirnregion in Höhe der Augenbrauen. Hier, unmittelbar am Orbitalrand, finden wir die Sinne für die Unterscheidung beobachtbarer Abläufe in der Außenwelt. Wir speichern sie in unserem Gedächtnis (2. Stirnregion) und können dann durch geschickte, logische Überlegungen daraus einen Nutzen für uns ziehen (3. Stirnregion).

Mit den Bewusstseinsebenen, die sich in der *Oberstirn* zeigen (5. – 7. Stirnregion) lernen wir, qualitativ zu unterscheiden und zu Schlüssen zu kommen, die über ein klares Gefühl geführt werden (5. Stirnregion). Vielleicht liegt in der bewussten Fähigkeit, starke Emotionen kontrollieren und damit innerlich und äußerlich sozial verträglich umgehen zu können, die größte Herausforderung unserer Zeit. Aber Vorsicht! Damit ist nicht die Unterdrückung und Disziplinierung von Gefühlen gemeint. Wenn Weisheit bedeutet, so reagieren zu können, dass feinste Signale des Gegenübers wahrgenommen werden, um aus dieser tiefen Einsicht Schlüsse zu ziehen, dann befindet sich die Menschheit allerdings erst am Anfang eines langen Weges.

Dieser Weg sollte uns in einer bewussten Ethik so leiten, dass wir Entscheidungen fällen, die nicht nur uns selbst, sondern auch unseren Mitmenschen und allem Lebendigen gerecht werden (6. Stirnregion). Und selbst dann, wenn dies klar mit einem »Ja« beantwortet werden kann, so weiß der Mensch noch immer nicht, ob er damit einem höheren Plan folgt, der mit dem Schöpfungswillen des Universums einhergeht ...

...womit wir bei der 7. Stirnregion angelangt wären: *Religion*, von lateinisch religio = »gewissenhafte Berücksichtigung oder Sorgfalt«. Ursprünglich war damit die gewissenhafte Sorgfalt in der Beachtung von Vorzeichen gemeint, die Rückbindung zum Urgrund des Menschseins. In der 7. Stirnregion findet sich also das ureigene, religiöse Denken des Menschen. Dieses ist konfessionslos und nicht an ein philosophisch-religiöses Glaubensmodell geknüpft.

Und was tut sich hinter Ihrer Stirn?			
Nr.	Aussage	PA*	Seite
1	Ich bin sehr intuitiv. Oft ahne ich schon im Voraus, was passiert und kann mir richtig gut vorstellen, wie es weitergeht. Diese Fähigkeit hilft mir dabei, mich im Leben zu orientieren.	G	64
2	Meine Intuitionen und Vorahnungen zweifle ich an und gehe lieber analytisch und sachlich vor: Ich verlasse mich auf meinen gesunden Menschenverstand.	V	105
3	Für mich ist es wichtig, über ein breit gefächertes Wissen zu verfügen. Ob ich dieses dann konkret praktisch verwenden kann oder nicht, spielt eine untergeordnete Rolle.	S	91
4	Ich kann Details exakt erfassen und bin ein sehr guter Beobachter. Meine Stärken liegen darin, naturwissenschaftlich-technisch denken zu können, realistisch, logisch und rational vorzugehen, um zu Entscheidungen zu kommen.	R	79

* (PA = Persönlichkeitsanteil)

Und das sagt der Volksmund dazu:
Sich an die Stirn fassen; die Stirn haben; es steht ihm/ihr auf der Stirn geschrieben; jemandem die Stirn bieten.

Die Augen: Denkart und Gedankenkraft

Der römische Schriftsteller Plinius der Ältere (23 – 79 n.Chr.) nannte die Augen einst das »Fenster zur Seele«. Sie zeigen eindrucksvoll den raschen Wechsel von Gedanken und Gefühlen, der sich in jedem Moment ereignet. Sie geben »Einblick« in das Innere des Menschen.

Die Ausstrahlungsqualität der Augen kann in feiner Nuancierung sicher nur von wenigen Experten gedeutet werden, aber jede Reise beginnt bekanntlich mit dem ersten Schritt. Wagen Sie ihn – und Sie werden überrascht sein, wie viel Wissen unbewusst in Ihnen steckt und durch Ihre bewusste Wahrnehmung klar zutage tritt.

Über die Ausstrahlungsqualität der Augen können wir zum Beispiel den Unterschied zwischen einem klaren, wachen Augenausdruck und einem durch Müdigkeit oder Krankheit geschwächten Gedanken- und Geisteszustand unterscheiden. Wir wissen ganz intuitiv, was diese Eigenheiten bedeuten und können sie nicht nur an uns, sondern auch an anderen erkennen. Dies sollten wir uns buchstäblich viel öfter *vor Augen führen*, denn mit einer aufmerksamen Betrachtung des Augenausdrucks können wir klar wahrnehmen, was sich im Gegenüber gerade abspielt. Es könnte durchaus sein, dass über unseren genetischen Code diese Informationen von Generation zu Generation weitergegeben wurden, denn für das Überleben unserer Vorfahren waren diese Informationen von weitreichender Bedeutung.

Die Augen zeigen also neben dem Mund den Wechsel von Gedanken, Emotionen und Gefühlen am deutlichsten. Über den »Augenblick« erhalten wir – anders formuliert – Zugang zum aktuellen Denkleben unseres Gegenübers. Mit dem, was an Ausstrahlungsqualität, Form und Bewegung für uns sichtbar und übersetzbar ist, fungieren die Augen wie eine Art Filter. Informationen, die in unser Bewusstsein aufgenommen werden, erfahren in dieser Hinsicht eine dementsprechende Gewichtung. Dadurch prägen sie unsere Art des Denkens und geben ihm so eine bestimmte Richtung.

Haben Sie sich schon einmal gefragt, warum wir gleich zwei besitzen? Wäre eines nicht völlig ausreichend? Wir reagieren recht irritiert, wenn wir uns auf etwas konzentrieren und plötzlich »haben wir etwas im Auge«. Hätten wir nur ein Auge, wären wir also schneller funktionsuntüchtig. Es ist leicht, sich vorzustellen, welche Konsequenzen dies beispielsweise für den Frühmenschen gehabt hätte, vor allem im Kampf.

Auch interessant: Schließen wir ein Auge und halten das andere geöffnet, so erhalten wir unterschiedliche Bilder. Ein und derselbe Gegenstand bekommt eine andere Perspektive. Das Gehirn ist in der Lage, diese Informationen auszuwerten und errechnet danach die Entfernung zwischen uns und dem Objekt. In diesem Zusammenhang wird deutlich, was mit dem Wort »Augenmaß« gemeint ist.

Die Pupillen reagieren aber nicht nur auf physikalische Reize wie Helligkeit oder Dunkelheit, sondern auch auf psychische Zustände. *Große Augen machen* bedeutet, erstaunt zu sein und drückt aus, dass eine seelische Bewegung vorausgegangen sein muss: So reagierten Frauen und Männer mit veränderter Pupillengröße ganz spezifisch auf Objekte, die man ihnen in Testreihen vorführte. Ein Abgleich mit den ProbandInnen zeigte: Je höher die Aufmerksamkeit für ein Objekt war, umso größer wurden die Pupillen.

Und wie ist es bei Ihnen? Schwärmen Sie für Winterreifen oder für Schmuck? Betrachten Sie doch einfach einmal Ihre Pupillen ...

Und das sagt der Volksmund dazu:
Aus den Augen, aus dem Sinn; jemandem die Augen öffnen; große Augen machen; jemandem etwas von den Augen ablesen; mit den Augen sprechen.

Augen-blick mal!

Nr.	Aussage	PA*	Seite
5	So erfasse ich meine Mitmenschen und meine Umwelt:		
	a) ... über mein Gefühl: Wichtig ist, was bei mir gefühlsmäßig angekommen ist.	G	64
	b) ... in der Essenz, im Durchblick: Wichtig ist, was gemeint war.	R	79
	c) ... im Detail, mit konzentriertem Einblick: Wichtig ist, was im Einzelnen zum Ausdruck gebracht wurde.	S	92
	d) ... vorausblickend: Wichtig ist, was ich daraus entstehen lassen kann.	V	105 f.
6	a) Ich bin eher ein Zuhörer als ein Redner. Im Aussprechen meiner Gedanken bin ich oft zurückhaltend.	S	92
	b) Ganz im Gegenteil: Ich liebe es, meine Gedanken anderen verbal mitzuteilen.	G	64
7	Ich kann mich konzentriert auf ein Thema oder ein Gespräch einlassen. Klarheit über das Detail zu finden ist meine Stärke.	S	92
8	Meine Pluspunkte liegen darin, sowohl die Umgebung als auch Sachverhalte vernetzt und breit gefächert durchdenken und betrachten zu können.	R	79
9	Ich habe ein gutes Nervenkostüm und bin belastbar. Körperliche Strapazen verkrafte ich gut.	R	80
10	Ich bin das, was man einen Realisten nennt. Die Welt ist so, wie sie eben ist – und nicht, wie sie einmal war oder sein könnte. Ich stehe pragmatisch im Leben; meine Ideale müssen machbar sein.	R	80
11	Ich habe eine klare Vorstellung darüber, wie die Welt sein müsste und bin bereit, dafür einzustehen, auch wenn es mir manchmal große Opfer abverlangt.	G	64

* (PA = Persönlichkeitsanteil)

Die Nase: Der Selbstverwirklichungswille des Menschen

Mitten im Gesicht prangt unsere Nase – sehr zum Leidwesen besonders von Frauen, die ihre Nase oft als unschön empfinden. Eine steigende Zahl von kosmetischen Nasenoperationen zeigt, wie wichtig die eigene Nase ist: Sie ist Mittelpunkt unseres Gesichts und Ausdruckszone unseres Willens zur Verwirklichung der eigenen Persönlichkeit. Sie ist einzigartig, so individuell wie der Nasenträger selbst – wenn auch die »Einzelbausteine«, wie zum Beispiel der Nasenhöcker oder die knubbelige Nasenspitze, vielfach in den Nasen anderer Menschen in ähnlicher Form auftreten können.

Schon Leonardo da Vinci beschäftigte die Frage, wie viele unterschiedliche Arten von Nasen es wohl gäbe und er errechnete allein bei der Profilbetrachtung 256 unterschiedliche Varianten.

Im Dritten Reich entwickelte man eine leid- und unheilvolle Rassenphysiognomik, die es ermöglichen sollte, anhand der Physiognomie eines Menschen Rückschlüsse auf seine ethnische Zugehörigkeit zu ziehen. Studien in der 2. Hälfte des 20. Jahrhunderts haben ergeben, dass die damals postulierte »semitische Nase« im jüdischen Volksstamm nicht häufiger vorkommt als in anderen. Die Auffassung von Physiognomen des 19. und 20. Jahrhunderts, dass verschiedene Nationen und Volksstämme die gleichen oder zumindest in überwiegender Häufigkeit charakteristische Nasenformen haben und somit ein Rückschluss auf die Mentalität möglich ist, sind deshalb weder richtig noch haltbar.

Nasen gibt es von zierlich klein bis mächtig groß. Sie können sich sehr harmonisch in ein Gesicht einfügen – oder deutlich hervorstechen. Zwischen der unentwickelten, weichen Kindernase und der ausgeprägten Altersnase liegt das Leben selbst. Bemerkenswert ist, dass sich die menschliche Nase im Laufe des Lebens in vielen Teilen weiter entwickelt und verändert:

Nasen sind spannender als Krimis. Es gibt eine Fülle von Formbezügen, die wir zu übersetzen wissen. Um Ihnen deutlich zu machen wie fein wir zu unterscheiden lernen müssen und wie viele Ausdrucksareale zu berücksichtigen sind, wollen wir hier eine kleine Liste benennen:

- Nasenrücken von schmal bis breit
- Nasendach von schmal bis breit ausladend
- Nasenwurzel von schmal bis breit
- Nasenhöcker von schmal bis breit
- Nasenknochen-Knorpel-Übergang von schmal bis breit
- Nasenspitze von klein bis betont
- Nasensteg von zurückliegend bis hervortretend
- Nasenlöcher von klein bis groß
- Nasenflügel von abgeflacht bis stark ausmodelliert
- Nasenrücken von konkav bis konvex
- Nasenwurzel eingebuchtet oder gerade übergehend
- Nasenhöcker von nicht ausgeprägt bis ausgeprägt
- Nasenknochen-Knorpel-Übergang von konkav bis konvex
- Nasenspitze von nach oben bis nach unten weisend

Hinter jedem Ausdrucksareal steht eine grundsätzliche Bedeutung und hinter jeder Formgebung des Ausdrucksareals ein individueller Charakter der Persönlichkeit.

Menschen sind denkende Wesen, haben im Laufe der Zeit ein differenzierteres Gedächtnis erlangt und entwickeln Einsicht und Tatwillen. Das, was der Mensch will, ist heutzutage nicht mehr allein auf das Überleben ausgerichtet, sondern auch auf das individuelle Bemühen um Entwicklung. Deshalb hängt etwas spezifisch Menschliches mit der Ausbildung der Nase zusammen – und da die Nase mitten im Gesicht positioniert ist, kann man davon ausgehen, dass sie zentrale Informationen für die psycho-physiognomische Deutung bereithält.

Unsere genetische Anlage will zur Entfaltung kommen und wird dabei vom bewussten Willen begleitet. Dies bedeutet nicht zwangsläufig eine tatsächliche Umsetzung des Potenzials (hierüber informiert uns die Bildung des Untergesichts). Wenn wir also vom *Selbstverwirklichungswillen* sprechen, der an der Nase zum Ausdruck kommt, dann ist damit der Wille gemeint, etwas zur Verwirklichung zu bringen. Es sind Impulse unseres Unbewussten, die wir bereits in der Anlage unserer Zellen mittragen.

Gerade dieser Wille ist es, der uns von allen anderen Lebewesen dieses Planeten unterscheidet – der Wille, sich aus eigener, bewusster Einsicht Raum zu nehmen, um sich selbst zu erfahren, mehr oder weniger zielgerichtet zu lernen und so zu Erkenntnis, Erfahrung und Reife zu gelangen. Die Nasenform ist als Indikator für den angelegten Lebensentwurf zu verstehen. Bekanntlich *führen viele Wege nach Rom*, und so haben wir verschiedene Möglichkeiten, uns diesem Entwurf zu nähern.

Wenn wir die **Nasenwurzel** von vorne betrachten und das Hautgewebe wirkt in diesem Bereich besonders hell und strahlend, dann bedeutet dies, dass der Mensch im Moment gerade in geistig-kreativer Form auf gespeichertes Wissen zurückgreift. Er fügt es in einer neuen Betrachtungsform zusammen und beurteilt mithilfe seines Gedächtnisses, wie er sich entscheiden soll. Die Nasenwurzel ist also ein Ausdrucksareal für unser geistiges Wollen, die Triebfeder schlechthin für eine ständige, bewusste Entwicklung. Sie beginnt dort, wo die Knochennaht zwischen Stirnbein und Nasenbein sich fügt. Sie endet, wo wir den Nasenhöcker finden können.

Ist der **Nasenhöcker** betont und wirkt die Haut darüber gespannt, dann will der Mensch durch praktische Erfahrung zu mehr Erkenntnis und Wissen kommen und sich dadurch dynamisch, tatkräftig und zielorientiert neu erleben. »Probieren geht über studieren«, lautet folglich die Devise.

Je stärker die knorpelige **Nasenspitze** betont ist, umso mehr realisiert der Mensch auf ökonomische Weise über sein Bauchgefühl, seinen Instinkt. Ökonomisch deshalb, weil Zeit raubendes Ausprobieren und Nachsinnen in den Hintergrund treten.

Im **Übergang des knöchernen zum knorpeligen Teils der Nase** findet sich die Ausdruckszone für das Gemüt des Menschen. Mit den Möglichkeiten, die ihm über seine Empfindung zur Verfügung stehen, lässt sich der Mensch mehr oder weniger stark von den eigenen Gefühlen und Emotionen bewegen. Dabei berücksichtigt er in gleicher Intensität auch die Gefühle anderer bei seinem Willen zur Lebensverwirklichung. Je stärker diese Fähigkeit ausgeprägt ist, umso deutlicher zeigt sich hier eine Einbuchtung, die gekoppelt sein kann an helles, leuchtendes Gewebe. Wenn unsere Empfindungen unter Druck geraten, dann rötet sich diese Partie.

Gleichzeitig müssen wir uns ansehen, ob der Mensch auch in der Lage ist, das, was über die Nasenform angelegt ist, auch zu realisieren. Darüber informiert uns – eine Etage tiefer – das Untergesicht.

Nasenlöcher und Nasenflügel zeigen die Möglichkeit und die Fähigkeit, mit der Umwelt und anderen Menschen über Informationsaustausch und das Kommunizieren von Gefühlen (betonte Modellierung der Nasenflügel) in Kontakt zu treten.

Ein- und Ausatmen sind Grundbedingung für jede Art von Kommunikation. Geht diese über das reine »Verbalisieren von Gedanken« hinaus, dann erfahren wir im Gespräch eine große Bereicherung in unserer Eigenwahrnehmung. Gerade durch einen echten *Austausch* – bildlich gesprochen: verbrauchte gegen frische Luft auszutauschen – können wir Beschränkungen und Blockaden aufheben, denen wir sonst unterliegen würden. »Ich kann dich gut riechen!« bedeutet, den anderen zu akzeptieren und anzunehmen.

Je **kleiner und konkaver** die Nase geformt ist, umso mehr lässt sich der Mensch von den An- und Einsichten seines Gegenübers beeindrucken. Anpassungsbereitschaft und die Bereitschaft, sich führen zu lassen, sind stark ausgeprägt. Im Laufe des Lebens bekommt das Hautgewebe auf dem Nasenrücken mehr und mehr Spannung. Unsere Nase entwickelt sich und ist ein Zeichen für eine selbstbestimmte Persönlichkeit, die Impulse aufgreifen und sie mit dem Willen zielgerichtet erfahren möchte. Deshalb sehen wir dann eine Nasenform, die sich deutlich von der eines Kindes unterscheidet und in der Profilbetrachtung des Gesichts gerade, im Extremfall konvex geschnitten ist.

Und das sagt der Volksmund dazu:
Man sieht's ihm an der Nase an; der/die steht mir nicht zur Nase; einen guten Riecher haben; eine feine Nase haben; in alles seine Nase stecken müssen.

Haben Sie den »richtigen Riecher«?

Nr.	Aussage	PA*	Seite
12	a) Ich will für den Moment planen und nicht alle Eventualitäten berücksichtigen, die eintreten könnten. So erhalte ich mir meine Flexibilität.	G	65
	b) Ein guter Plan ist die halbe Miete! Schon in der Planung will ich Handlungsalternativen berücksichtigen. Sollte also Plan A nicht funktionieren, dann tritt Plan B oder C in Kraft ...	S	94
	c) ... dabei ist eine differenzierte und gründliche Vorbereitung das A & O.	S	94
	d) Erfolg hat 3 Buchstaben: T U N. Deshalb will ich mich bei der Vorbereitung von Aufgaben nicht in Details verlieren, sondern anfangen.	R	80
13	Wenn ich etwas plane, dann möchte ich so zielstrebig vorgehen wie ein Marschflugkörper – notfalls lege ich eben noch ein »Brikett« zu, denn das nächste Projekt wartet schon!	V	106
14	Viele Pläne sind häufig graue Theorie. Sobald ich einen Plan gefasst habe, kommt alles anders. Entweder es entsteht in mir eine neue Idee oder äußere Umstände zwingen mich zum Umdisponieren.	V	106 f.
15	Ich will meine Pläne zielstrebig verwirklichen. Dabei gehe ich Schritt für Schritt und geradlinig vor.	S	93
16	a) Ich muss nicht immer die erste Geige spielen, bin anpassungsbereit und gebe gerne auch mal Verantwortung ab.	G	65
	b) Es fällt mir schwer, mich in einem engen Rahmen zu bewegen, den andere mir stecken. Ich lasse mich ungern führen und lenken. Das nehme ich lieber selbst in die Hand!	S	93
17	a) Es rührt mich sehr, wenn andere Menschen bewegt sind. Das beeinflusst deutlich meine Entscheidungen.	G	65 f.
	b) Wenn ich mir etwas vornehme, versuche ich meinen eigenen und den Gefühlen anderer möglichst wenig Raum zu geben.	R	81
	c) Meinem Gemüt kann ich mich gut entziehen und so rasch und rational meine Pläne vorantreiben.	V	107

Nr.	Aussage	PA*	Seite
	d) Wenn ich etwas plane, dann aber gründlich. Das ist der Anspruch, den ich an mich selbst stelle, um nicht unvorbereitet in etwas hineinzustolpern.	S	94
18	a) Ein gelungenes Gespräch besteht meiner Meinung nach aus sprechen und zuhören. Ich kommuniziere gerne auf der Sachebene.	S	94
	b) Ausschließlicher Informationsaustausch ist für mich wie Erdbeeren ohne Sahne, Brot ohne Butter, Spinat ohne Blubb. Ein gelungenes Gespräch besteht meiner Meinung nach aus sprechen *und* zuhören, ich kommuniziere auf der Sach- *und* der Beziehungsebene.	G	66
19	a) Es ist für mich überhaupt kein Problem, schwere körperliche Arbeit über einen längeren Zeitraum hinweg zu leisten.	R	81
	b) Es bekommt mir nicht gut, wenn ich mir schwere körperliche Arbeit zumute.	S	92
20	a) Ich erfasse schnell, kann einmal abgespeicherte Informationen rasch reflektieren und abrufen.	G	66
	b) Wenn ich um eine Stellungnahme zu einem Problem oder Sachverhalt gebeten werde, dann brauche ich grundsätzlich Bedenkzeit. So kann ich mich gründlich und in Ruhe innerlich klären und fundiert Auskunft geben.	S	93
21	a) Wenn ich mehrere Informationen gleichzeitig aufnehmen und verarbeiten soll, so gelingt mir das in der Regel gut.	G	66
	b) »Immer schön der Reihe nach« – denn wenn ich mehrere Informationen gleichzeitig aufnehmen und verarbeiten soll, fühle ich mich leicht überfordert.	S	93 f.
22	Ich habe ein gutes Bauchgefühl, auf das ich mich verlassen kann. Mein Instinkt hat mir schon oft geholfen, mich zu orientieren.	R	81

* (PA = Persönlichkeitsanteil)

Wangen und Jochbeine

Als **Mittelgesicht** des Menschen bezeichnet man den Bereich unterhalb des Orbitalbogens bis unterhalb des Nassensteges. Dieses findet seitlich seinen Abschluss durch die Jochbeine.

Die psychologische Physiognomik achtet sowohl auf die konstanten Formen im menschlichen Gesicht als auch auf mimische Dynamik, die sich zum Beispiel während eines Gesprächs bewusst und unbewusst ereignet. So ist beispielsweise das Erröten des Gesichts ein Prozess, der unwillkürlich passiert. Obwohl die Rötung meist im Wangenbereich auftritt, ist sie nicht nur auf diesen beschränkt. Erröten kann sich auf die gesamte Gesichtsfläche einschließlich des Halses ausdehnen.

Zum Leidwesen der Betroffenen ist dieser Prozess weder kontrollierbar noch steuerbar. Man kann ihn nicht willentlich auslösen und Untersuchungen haben gezeigt, dass es den meisten Menschen sogar schwer fällt, ihr Rotwerden zu spüren. Das Phänomen des Errötens geht um den ganzen Erdball und tritt bei Eskimos ebenso auf wie bei Schwarzafrikanern.

»Denn von den Gedanken nimmt die Seele ihre Farbe an«, sagte Marc Aurel und wies damit auf die Zusammenhänge von Geist und Seele hin. Doch selbstverständlich bekennt auch der Körper beim Rotwerden Farbe und signalisiert damit unter anderem indirekt, dass uns an der Meinung des Gegenübers etwas liegt und wir bewegt sind.

Im Volksmund wird das Erröten als Verlegenheitsreaktion, auch als peinliche Berührtheit gedeutet. Müssen wir etwas zeigen, was wir nicht unbedingt zeigen wollen, dann kann es passieren: Wir tun oder lassen etwas, was gegen die allgemein gültigen Gesellschaftsregeln verstößt, werden dabei ertappt und – werden rot. Eine verrutschte Badehose, ein kleiner Pupser, Rülpser oder eine Schwindelei, die plötzlich auffliegt: Egal, ob der Regelverstoß beabsichtigt oder unbeabsichtigt war – wir werden rot!

Doch nicht nur Peinlichkeiten lassen unser Gesicht erröten, auch wenn wir gelobt werden, ein Kompliment erhalten oder uns spontan freuen, kann diese so sehr zu Herzen gehen, dass wir erröten.

Im Mittelgesicht zeigt sich auf psycho-physiognomischer Ebene unsere Fähigkeit, in Kontakt zu treten und auch unser Kommunikationsbedürfnis. Je plastischer, gerundeter und ausgeprägter es ist, desto mehr Potenzial ist angelegt, desto du-orientierter ist der Mensch in diesem Sinne, desto mehr ist ihm also an kommunikativer Interaktion mit seinem Gegenüber gelegen.

Jochbeine

Die wohl präziseste Beschreibung dessen, was an den Jochbeinen psycho-physiognomisch zum Ausdruck kommt, geht auf Richard Glaser zurück. Er formulierte es mit »Wehr- und Widerstandskraft gegen fremdseelische Einflüsse, zur Wahrung der eigenen Originalität.« Das klingt zugegebenermaßen zunächst nicht ganz einfach, lässt sich jedoch leicht erklären: Haben wir das Gefühl, von jemand anderem vereinnahmt zu werden, und die Grenzen zwischen dem, was wir wollen und dem, was unser Gegenüber möchte, drohen sich zu vermischen, dann versuchen wir manchmal Distanz aufzubauen, die dem entgegenwirkt. Wir ziehen Grenzen, grenzen uns ab und erreichen den gewünschten Abstand durch Opposition und Widerstand. Damit senden wir ein eindeutiges Nein oder entziehen uns, gehen jedenfalls unseren eigenen Weg. So können wir authentisch bleiben und unseren Lebensweg zur Entfaltung unserer Persönlichkeit fortsetzen.

Und das sagt der Volksmund dazu:
Rot wie eine Tomate werden; die Scham steht ihr/ihm ins Gesicht geschrieben; auch noch die andere Wange hinhalten.

Kontakt-Anzeige: Was Ihr Mittelgesicht aussagt

Nr.	Aussage	PA*	Seite
23	a) Ich liebe es, auf andere Menschen zuzugehen und genieße es, unter ihnen zu sein – besonders dann, wenn die Atmosphäre stimmt.	G	66
	b) Die Bussi-Bussi-Gesellschaft ist mir suspekt. Ich mag es lieber, wenn eine gewisse Distanz gewahrt bleibt.	S	95
	c) Ich halte mich für gesellig im Umgang mit anderen. Dabei muss ich nicht auf den Grund jeder Seele schauen.	R	81
	d) An Sozialkontakten bin ich weniger interessiert. Man sagt mir nach, Gefühle strategisch gezielt einsetzen zu können.	V	107
24	Für mich ist es selbstverständlich, dass ich Menschen umarme, die ich mag. Zu einem sympathischen Kontakt gehört auch eine körperliche Berührung.	G	66
25	Ich versprühe gern meinen Charme und zeige mich liebenswürdig. Es hat mir schon oft im Umgang mit anderen geholfen.	G	67
26	a) Ich habe weniger Interesse an vielen, sondern eher an ausgesuchten Kontakten zu einem vergleichsweise kleineren Kreis von Mitmenschen.	S	94
	b) Ich bin an vielen Kontakten interessiert. Dabei wähle ich sehr bewusst aus, mit wem und mit welcher Motivation ich mich auf jemanden einlasse.	R	82
	c) Ich brauche Kontakte zu Mitmenschen um der Nähe willen. Ich liebe es, mich mit vielen Menschen zu umgeben und mich mit ihnen einfach nur so zum Spaß auszutauschen.	G	66
27	Wenn jemand versucht, über mich zu bestimmen, dann ziehe ich mich um des lieben Friedens willen zunächst zurück, denn die momentane Stimmung ist mir sehr wichtig. Ich warte ab, bis sich der Staub gelegt hat und gehe dann doch meinen eigenen Weg.	G	67
28	Menschen, die über mich bestimmen wollen, fordern meinen Widerspruchsgeist vehement heraus. Spontan, direkt und unmissverständlich signalisiere ich in diesem Fall: »Bis hierher – und nicht weiter!«	V	108

* (PA = Persönlichkeitsanteil)

Die Ohren: Unsere seelischen Tiefenschichten

Die psychologische Physiognomik sieht die Ohren als eine hochsensible Eingangspforte für Schwingungen aller Art, auch im übertragenen Sinn. Durch die Ohren dringen also nicht nur Tonsignale, sondern alle Reize, die in irgendeiner Weise ein seelisches Erregungsmuster in uns zum Klingen bringen. Aus neurophysiologischer Sicht besteht eine direkte Verbindung vom Ohr zum limbischen System im Gehirn: Wir wissen aus eigener Erfahrung, wie stark und unmittelbar uns Melodien, der Klang einer Stimme sowie der geistig-seelische Gehalt des gesprochenen Wortes bewegen können.

Es geht also bei der Betrachtung des Ohres auch um *Resonanzen* und diese hätten keinen Nährboden, wenn nicht die Bereitschaft zu seelischer Empfänglichkeit und Beeindruckbarkeit in uns vorhanden wäre. Am Ohr wird deutlich, dass die menschliche Evolution nicht nur Funktionsansprüchen gerecht wird, sondern auch die Seele und das Empfinden mit einbindet. So betrachtet sind die Ohrmuscheln weit mehr als ein Instrument zur Tonaufnahme. Zu allen Zeiten wurden bei der Betrachtung des Ohres viele Spekulationen angestellt, die auch in der Literatur festgehalten sind: Das Ohr wurde zum Beispiel als Segel betrachtet, oder – fügt man zwei Ohrmuscheln zueinander – als Herz gesehen.

Aus der empirischen Beobachtung lassen sich klare Zusammenhänge zwischen empfindungsstarken Menschen und fein modellierten Ohrmuscheln mit leuchtendem Hautgewebe feststellen: Menschen mit hellen, feinen Ohren sind sich der Allgegenwärtigkeit ihres Gewissens sehr bewusst; sie lassen sich in ihren Worten und Taten von ihm leiten.

Der Gewissensbegriff leitet sich sprachgeschichtlich aus der Vorstellung ab, dass es für das Denken, Fühlen und Handeln des Menschen eine Art »inneren Aufsichtsrat« gibt, der richtiges von falschem Tun unterscheidet und dabei unbewusst ethische Maßstäbe anlegt. Menschen mit dieser ethischen Kontrollinstanz bemühen sich, im täglichen Leben sich selbst und dem anderen gerecht zu werden.

Damit verkomplizieren sich allerdings ihre Gedanken und Gefühle: Probleme, deren Lösung, aber auch Handlungen und Entscheidungen werden dadurch schwieriger als bei Menschen, die rational, formal und eher nüchtern entscheiden können (dann sind die Ohrmuscheln weniger fein modelliert und haben eine rotbraune Färbung mit bläulicher Unterlegung; wie Sie später noch lesen, wird diese Ohrfärbung durch ein hohes Maß an »Realität« gebildet).

- Der **obere Ohrmuschelbereich** zeigt das Erkenntnisstreben in geistiger und intellektueller Form.
- Der **mittlere Ohrbereich** zeigt die seelische Empfindungstiefe, Empfänglichkeit und Feinfühligkeit des Menschen.
- Das **Ohrläppchen** gibt Hinweise auf materielle und körperliche Bedürfnisse aus seelischem Antrieb.

Und das sagt der Volksmund dazu:
Das geht ins eine Ohr und zum andern wieder raus; Ohren wie ein Luchs haben; einen Satz heiße Ohren kriegen; auf *dem* Ohr bin ich taub; da klingeln mir die Ohren.

Ohr-Geflüster

Nr.	Aussage	PA*	Seite
29	a) Ich habe ein offenes Ohr für Menschen, die sich mit mir über ihr Seelenleben austauschen wollen ...	G	68
	b) ... dabei schätze ich die Kontroverse, selbst wenn daraus Konflikte mit meinen Mitmenschen entstehen.	V	108 f.
30	a) Wenn mir etwas auf der Seele liegt, möchte ich es anderen mitteilen.	G	67
	b) Ich muss doch nicht gleich jedem auf die Nase binden, was mich bewegt! Besonders bei Menschen, die ich noch nicht gut kenne, bin ich mit persönlicheren Aussagen zurückhaltend.	S	95
31	Das Bedürfnis nach Freiheit und Distanz steht bei mir ganz hoch im Kurs. Deshalb brauche ich großzügige Freiräume und Rückzugsmöglichkeiten.	S	95 f.
32	Meine Freunde sagen mir häufig, dass ich Herausforderungen mutig annehme.	S	95
33	In mir ist ein Gefühl großer Selbstsicherheit und Belastbarkeit. Von Zeit zu Zeit erlebe ich jedoch, dass dieses Gefühl nicht immer begründet sein muss.	R	83

Nr.	Aussage	PA*	Seite
34	a) Das Leben findet heute statt! Oft handle ich spontan und folge den Impulsen des Lebens.	V	110
	b) Mich zu spontanen Handlungen hinreißen zu lassen ist weniger mein Ding.	R	82
35	a) Ich will die Dinge verstehen, die sich rund um mich ereignen, und suche nach Erklärungen und Antworten. Geistige Erkenntnis ist für meine persönliche Entwicklung von enormer Bedeutung ...	S	95
	b) ... dabei erlebe ich mich voll innerer Spannung mit dem Bestreben nach Widerspruch, was sich bei mir in einer wahren Diskussionslust äußert.	V	108
36	Wenn ich körperlich ausgepowert bin, dann kann ich mich gut und schnell wieder erholen. In kürzester Zeit habe ich meine gewohnte Spannkraft wieder.	R	82
37	a) Eine stabile, wirtschaftlich gesicherte Basis ist für mich Grundvoraussetzung zur Lebensentfaltung. So gesehen habe ich ein hohes materielles Sicherheitsbedürfnis.	R	82
	b) In diesem Zusammenhang ist es wichtig, dass ich mein Stück vom Kuchen abbekomme. Wenn nicht, dann fordere ich dieses Kuchenstück ganz entschieden ein.	V	109
38	Ich bin von mir und dem, was ich tue, überzeugt. Innerlich empfinde ich mich als groß und stark.	V	109 f.

* (PA = Persönlichkeitsanteil)

Das Pallium: Die Art der Wahrnehmung eigener Interessen

Bei den Römern beschreibt das Wort Pallium einen weißwollenen, weiten Überwurf, im Mittelalter den kaiserlichen Krönungsmantel. Wir verstehen den anatomischen Begriff *Pallium* als den Haut-Mantel, der sich zwischen Nasensteg und abgrenzendem Lippenrot über die obere Zahnreihe legt.

Hier erkennen wir die Art, *wie* eigene Interessen wahrgenommen werden. Schon unsere Formulierung soll darauf aufmerksam machen, dass es nicht darum geht, ob wir eigene Interessen haben, sondern nur, *wie* wir sie zur Geltung bringen. Eigene Interessen zu haben ist ein Grundbedürfnis aller Menschen, selbst von denen, die scheinbar nur geben.

Diese Sichtweise hilft ungemein dabei, andere wohl wollender zu betrachten, zum Beispiel im Umgang mit einem Menschen, der ehrgeizig, sehr ungestüm und deutlich zum Ausdruck bringt, was er will – und nicht bereit ist, von seinen Plänen abzuweichen, auch dann nicht, wenn darunter seine Umgebung leidet. Dabei ist noch lange nicht gesagt, dass er dies letztlich tun wird. Hierbei müssen wir den Unterkiefer und seine Form sowie die Ausstrahlungsqualität des Gewebes mit einbeziehen.

Die Erkenntnis, die wir daraus ziehen: Es gibt Menschen, die immer kompromissbereit sind und sich zugunsten anderer zurücknehmen. Dabei hoffen sie insgeheim, im Gegenüber einen »Erfüllungsgehilfen« zu finden, der die eigene Rücksichtnahme spiegeln soll und fragt: »Was möchtest du denn?«

Je *konvexer* demzufolge ein Pallium ausgeprägt ist, umso eher ist der Mensch fähig, seine Interessen selbst in die Hand zu nehmen. Je *konkaver* es ist, umso mehr kann er sich zurücknehmen.

Interessieren Sie sich für Ihr Pallium und Philtrum?

Nr.	Aussage	PA*	Seite
39	In Bezug auf meine eigenen Interessen bin ich ...		
	a) ... kompromissbereit. Ich wäge meine Bedürfnisse mit denen des Gegenübers ab und bin bereit, mich zurückzunehmen ...	G	69
	b) ... dabei kann es gut sein, dass ich meine ursprünglichen Interessen aus den Augen verliere.	G	69
	c) Ich vertrete meine eigenen Interessen entschlossen und konsequent.	S	96
40	a) Meine Interessen bringe ich ehrgeizig und verstandesgesteuert zum Ausdruck. Andere Menschen, die Gemeinschaft oder Gefühle spielen für mich dabei eine untergeordnete Rolle.	V	110 f.
	b) Dabei behalte ich meine ursprüngliche Interessenslage immer im Auge.	V	110
41	Mir und anderen gegenüber bin ich sehr anspruchsvoll und neige dazu, alles perfekt haben zu wollen.	S	96
42	a) Eigene Interessen stelle ich zunächst in den Vordergrund.	R	83
	b) Gleichzeitig bin ich schon bereit, einen Kompromiss zugunsten der Familie oder einer Gruppe, die mir etwas bedeutet einzugehen, denn auf diese Weise kommen wir alle zusammen weiter.	R	83

* (PA = Persönlichkeitsanteil)

Der Mund: Unser Gefühlsleben

Der Mund ist im Normalfall nicht breiter als der Abstand zwischen unseren beiden Pupillen im Auge. Wir benützen ihn zum Sprechen und Küssen und tauschen damit Informationen, aber auch intensive Gefühle aus: »Ich bin so wild nach deinem Erdbeermund!«

Den Mund brauchen wir auch zur Nahrungsaufnahme. Er ist die Eingangspforte, über die wir Fremdstoffliches aufnehmen und letztlich über Stoffwechselprozesse uns zu Eigen machen. Nahrung liefert uns die nötige Energie, um uns entfalten zu können, aber zunächst ist sie ein Fremdkörper. In der Aufnahme von Nahrung liegt ein gewisses Gefährdungspotenzial für unseren Organismus, denn wir wissen nicht, ob uns das, was wir essen, auch bekommt. Um Speisen auf ihre Verträglichkeit hin zu überprüfen, haben wir Geschmacksrezeptoren, die uns rund um den Mund und in ihm zur Verfügung stehen.

Unser Mund ist jedoch nicht nur der für andere sichtbarste Teil unseres Verdauungstrakts, sondern wahrscheinlich das am plastischsten modellierte Ausdrucksareal unseres Gesichts. Dies bewirkt die den Mund umgebende Ringmuskulatur. Sie ist mit den Ringmuskulaturen verbunden, die sich um unsere Augen befinden. Mit dem Mund können wir Dutzende von mimischen Morsezeichen an unsere Umwelt senden. So ausgestattet haben wir eine Vielzahl von Ausdrucksmöglichkeiten und sind über unseren Mund in der Lage, schnell und rasch wechselnd Signale zu setzen, die wie ein Subtext das gesprochene Wort begleiten und kommentieren. Es sind Gefühle, die sich zur verbalen Information gesellen und die dem Gesagten so seine wahre Bedeutung verleihen. Je offensichtlicher die Mimik ist, desto eindeutiger kann die tatsächlich gesprochene Sprache vom Gegenüber dechiffriert werden.

Wollen Männer mit ihren Bärten etwas verdecken, gar verheimlichen?

A propos »dechiffrieren«: Sollte das auch der Grund dafür sein, dass Männer Bärte haben und Frauen nicht? Es könnte sein, dass in der Evolution und im Rollenverhalten der beiden Geschlechter die Antwort liegt. Tatsache ist, dass Männer weniger mimisch tätig sind als Frauen. Klischeehaft formuliert könnte sich dies folgendermaßen entwickelt haben: Die Rolle des Mannes war es bis zum Beginn des 20. Jahrhunderts, seine Familie im Außen zu repräsentieren. Jahrtausendelang übte er sich in der Rolle des Jägers, Kriegers und Beschützers der Familie. Feinden gegenüber Schwäche über ein bewegtes Gesicht zu zeigen, wäre für den Verlauf eines Kampfes nicht von Vorteil gewesen. Wohl aber ein »Pokerface«, das den Gegner im Unklaren über den strategisch geplanten Duellverlauf lässt ...

Die Rolle der Frau dagegen war traditionell das »homebusiness«. Hier war es sehr wichtig, mimisch eindeutig zu reagieren, etwa um die geistig-seelische Entwicklung der Kinder sicherzustellen. Offenheit und Klarheit sind auch heute noch wichtige Bedingungen für soziale Beziehungen. Um ein stabiles Gefüge in stimmiger Atmosphäre aufzubauen, ist die Mimik elementare Voraussetzung für den Fortbestand der Spezies und damit für die Erhaltung der eigenen Art.

Der Mund und seine physiognomische Bedeutung

In der psychologischen Physiognomik ist der Mund das wichtigste Ausdrucksareal bei der Betrachtung unseres Gefühlslebens. Gefühle offenbaren sich uns unter anderem über unsere Wünsche und deren Erfüllung. Wir haben gelernt, dass Wünsche nicht immer in Erfüllung gehen. Solche Erfahrungen macht jeder Mensch von Kindesbeinen an, aber wir bewerten sie unterschiedlich:

Wenn beispielsweise Mundwinkel in einem sanften Schwung nach oben gehen, so beantwortet der Mensch Erlebnisse und Erfahrungen mit einem optimistischen Lebensgefühl, unabhängig davon, ob sie »gut« oder »schlecht« für ihn waren. Deuten die Mundwinkel jedoch in ihrem Verlauf nach unten, übersetzen wir dies mit negativen Lebenserfahrungen und einer eher pessimistischen Grundhaltung. Damit ist nicht gemeint, dass die einzelne Lebenserfahrung negativ war, sondern vielmehr, dass die Persönlichkeit mit einem Gefühl von Bitterkeit darauf reagiert hat. Alle weiteren Erlebnisse werden dann fast zwangsläufig ebenso beurteilt, denn was ein- oder zweimal eingetreten ist, sucht im menschlichen Denken allzu leicht eine Fortsetzung und wird schließlich zum Denkmuster. Nach dem physikalischen Gesetz von Ursache und Wirkung ernten wir im Außen das, was wir im Innen gedanklich gesät haben – und so kommt es hier nicht selten zu einer Verselbstständigung.

Das Begehren und damit der Wunsch, dieses Begehren *erleben* zu wollen, sind eine wichtige Triebfeder unseres Handelns. Sie beeinflussen entscheidend unser Lebensgefühl. Erst dann jedoch, wenn wir die damit verbundenen Empfindungen bewusst eingeordnet haben, vollzieht sich ein Wachstum in *Selbst-bewusst-*

heit. Wir sind dann nicht nur in der Lage, über innere Vorgänge Auskunft zu geben, sondern können auch eine gefühlsmäßige Klärung herbeiführen.

Wer glaubt, dass eine verstandesmäßige Analyse von emotionalen Problemen der Weisheit letzter Schluss ist, der irrt gewaltig – und geht am Leben vorbei: »Adieu«, sagte der Fuchs, »und hier mein Geheimnis: Man sieht nur mit dem Herzen gut, das Wesentliche ist für das Auge unsichtbar ...« So hat es Antoine de Saint-Exupèry in *Der kleine Prinz* beschrieben. Geistige Klarheit in seelischen Belangen setzt also immer voraus, dass wir gefühlsmäßig einordnen können, was uns bewegt und dass wir uns dessen bewusst sind.

Emotionen sind seelische Erregungszustände. Nicht das Ereignis selbst, sondern vielmehr unsere geistige Reaktion darauf bringen uns »auf die Palme«. Nicht nur andere, sondern auch wir selbst drücken hierbei auf innere »Knöpfchen« in uns, die uns sehr schnell in einen unruhigen Seelenzustand versetzen. Wann immer sich gefühlsmäßige Unruhe in uns breit macht, sind wir kaum mehr in der Lage, ruhig und klar unsere Empfindungen und Gedanken zu ordnen. Darunter leiden unsere Handlungen, deren Ergebnisse dementsprechend ausfallen und den Teufelskreis »negatives Gefühl – negative Handlung – negatives Resultat« erneut in Gang setzen. Unsere Gedanken, unser Selbstverwirklichungswille, unsere Wünsche, die Bewertung von Ereignissen, kurz alles, was sich bewusst und unbewusst in uns ereignet, wird der Umwelt über die Augen mitgeteilt. Der Vorgang des aufnehmenden Sehens steht auf diese Weise immer in Wechselwirkung mit der Umwelt.

Solche Wechselbäder sind insbesondere am Mund und seinem umgebenden Gewebe ablesbar. Der Mund ist somit das Ausdrucksfeld für psychosomatische Zusammenhänge, die auf Organebene mit dem Verdauungstrakt des Menschen zu tun haben.

Sich Wünsche erfüllen zu wollen heißt nicht zwangsläufig, dies auch zu können oder – man lese und staune – sich diese auch *selbst* erfüllen zu wollen! Wir sind durchaus in der Lage, unsere Mitmenschen nonverbal in die Pflicht zu nehmen und erwarten, dass sie unsere Wünsche erahnen und letztlich auch für uns erfüllen.

Wie ist das Gesicht gegliedert?

Hier erfahren Sie Näheres zu Ihrer Mund-Art:

Nr.	Aussage	PA*	Seite
43	Wenn meine Gefühle Achterbahn mit mir fahren, dann gebe ich ihnen einen weiten Raum zur Entfaltung.	G	69
44	Ob ich emotional entscheide oder nicht, das kontrolliere ich über meinen Verstand. Es ist nicht immer angebracht, Gefühle zu zeigen und ich behaupte von mir, mich gut beherrschen zu können.	S	96 f.
45	Ich bin sehr eloquent und rhetorisch geschliffen. Dabei kann ich mich gut gefühlvoll und sachlich im Wechsel ausdrücken und diese Fähigkeit gezielt einsetzen.	V	111
46	Sollte ich das Gefühl haben, der andere möchte sich über mich stellen, kann es schon mal passieren, dass ich ihn scharfzüngig in seine Schranken verweise.	V	111
47	Ich bin diplomatisch geschickt und vorausberechnend und wäge gezielt ab, welche Aussagen mich meinen Gesprächszielen näher bringen oder mich zurückwerfen.	V	111
48	Ich habe weder ein ausgeprägtes Bedürfnis zu sprechen noch einen starken Drang, mein seelisches Innenleben zu erforschen.	R	83

Und das sagt der Volksmund dazu:
Einen großen Mund haben; sich den Mund verbrennen; den Mund zu voll nehmen; nicht auf den Mund gefallen sein; jemandem über den Mund fahren; den Mund nicht aufmachen.

Nr.	Aussage	PA*	Seite
49	Ich bin ein Freund von vielen Worten und liebe es zu reden.	G	69
50	Meine positive, optimistische Einstellung hilft mir, auf das Leben und seine Ereignisse bejahend und zuversichtlich zuzugehen.	G	69
51	Etwas zu begehren und es erleben zu wollen bedeutet für mich:		
	a) Der Nutzen einer Sache steht im Vordergrund. Alles andere ist Spielerei und somit Luxus.	R	83 f.
	b) Entscheidungen im Einklang mit meinen Gefühlen treffen zu wollen: Ob mir etwas gefällt oder nicht, spielt dabei eine große Rolle.	G	69
	c) Gründlich und sorgfältig zu prüfen und abzuwägen, ob mein Gefühl hinsichtlich Ästhetik und Qualität zufrieden gestellt ist.	S	97
52	a) Wenn ich etwas will, dann aber gleich und auf der Stelle! Danach habe ich immer noch genug Zeit, um zu prüfen, wie es mir damit geht.	R	84
	b) Grundsätzlich befrage ich intensiv mein Gefühl, bevor ich mir beispielsweise ein neues Kleidungsstück gönne. Das kann dann schon mal etwas dauern, bevor ich mich entscheide.	G	69

* (PA = Persönlichkeitsanteil)

Das Kinn: Der Antriebsimpuls zur Umsetzung in die Tat

Wir haben Wünsche und Pläne, spüren Regungen in uns, die sich bewusst oder unbewusst melden und uns auffordern, zu handeln und Pläne umzusetzen. Je **vorspringender** ein Kinn in der Profilbetrachtung des Gesichts wirkt, umso tatimpulsiver ist der Mensch, je **fliehender** es ist, umso zögerlicher. Die Beharrlichkeit des Impulses können wir an der Knochenstärke des Kinns ertasten. Die Kraft, mit der wir unseren Impuls gegenüber anderen vertreten, ist in der Frontalbetrachtung des Gesichts über die Kantigkeit oder Abrundung des Kinns zu erkennen. Diese Aussagen gehen auf Beobachtungen und Erfahrungen zurück, die für den, der sich auf eine solche Betrachtungsweise sensibilisiert hat, rasch nachvollziehbar wird.

Physiognomen sehen das Kinn als Ausdrucksareal für den Tatimpuls. Dieser Impuls zeigt den über den Willen geführten *Anstoß zum Werden*, während die Form des Unterkiefers zeigt, mit welcher Kraft, Ausdauer und Geschwindigkeit der Mensch diesen Impuls begleitet. Er spiegelt also unser Verhalten in der Handlung selbst.

Das Kinn und sein Grübchen

Haben wir in unserer Wahrnehmung den Eindruck, ein Verhalten sei nicht erwünscht oder in Ordnung, so stellen wir unser Verhalten schnell in Frage, ziehen uns verunsichert zurück. Erst wenn wir durch entsprechende Zustimmung aus der Umwelt wieder sicheren Boden unter den Füßen spüren, wagen wir einen erneuten Vorstoß und verlassen das Schneckenhaus.

Sehr sensibel reagieren wir also auf Kritik und vermeintliche Infragestellungen durch unser Gegenüber. Selbst völlig neutrale Situationen stellen wir in Frage und bewerten sie durch die Brille unserer Erfahrungen eher negativ. Da genügt häufig schon ein »merkwürdiger« Blick, ein »komischer« Tonfall in der Stimme des anderen – und wir brechen die Zelte ab, bevor wir sie richtig aufgeschlagen haben.

Dies gilt insbesondere dann, wenn ein Grübchen die Kinnspitze ziert (darauf gehen wir beim Persönlichkeitsanteil »Gefühl« noch differenzierter ein). Wissen Sie, wie das Kinngrübchen entstanden sein soll?

Nach der Erschaffung des Menschen lehnte sich Gott zufrieden zurück und betrachtete sein Werk. Dann drückte er mit dem Zeigefinger ein Grübchen ins Kinn seiner ersten Schöpfung und sprach stolz: »Ja – du bist etwas ganz Besonderes!«

Das Kinn und seine Entwicklung

Vor rund 150.000 Jahren, wie der älteste Fund bei Singa im Sudan beweist, als der anatomisch moderne Mensch, der Homo sapiens sapiens (»verständiger Mensch«) die Bühne der Welt betrat, begann sich die Physiognomie des menschlichen Gesichts zu verändern. Der Neandertaler hatte noch den niedrigen Oberkopf, starke Augenwülste, eine eher tierähnlich wirkende Erhebung dort, wo der moderne Mensch die bereits beschriebene charakteristische Nasenform ausbildete, und das massiv wirkende, vorgeschobene Untergesicht. An seinem unteren Ende zeigt sich anhand der Schädelfunde ein eher zurückliegendes und wenig ausgeprägtes Kinn. Nun sehen wir deutlich, wie es sich in den folgenden Generationen nach vorne entwickelte. Gleichzeitig wölbte sich der obere Teil des Schädels, um dem enorm gewachsenen Gehirn mehr Raum zu geben. Wir wissen zwar, dass geistige Intelligenz wenig mit der Größe eines Gehirns zu tun hat, dennoch scheint ein Zusammenhang zwischen der Größe und Entwicklung des Gehirns sowie der Formentwicklung des Kinns zu bestehen.

Das Kinn entwickelt sich beim Menschen während der Pubertät unter dem Einfluss des Hormons Testosteron. Man folgert daraus, dass ein größeres und markanteres Kinn auf ein Mehr dieses Hormons hinweist. Testosteron stärkt das Immunsystem und ist das männliche Sexualhormon schlechthin. Es vermittelt auch eine gewisse körperliche Belastbarkeit und Robustheit. Versuche haben gezeigt, dass ein markant geformtes Kinn für Frauen bei der Partnerwahl durchaus ein Attraktivitätsmerkmal ist.

Aggression ist für uns ein relativ negativ besetztes Wort. Einmal das Wörterbuch in die Hand genommen, bekommt dieses Wort aber schnell eine ganz neue Bedeutung: Aggressionskraft ist die Kraft, die uns hilft, *etwas anzugehen* – eine Eigenschaft, die per se keinen destruktiven Charakter in sich trägt, sondern eher positive Bedeutung hat.

Psychologen wie F. Muscarella und M. Conningham vertreten die Ansicht, dass der männliche Bart die Form des Kinns unterstreicht. Damit wird im übertragenen Sinne nicht nur die Anatomie, sondern auch die Aggressionsbereitschaft des Mannes unterstrichen. Sie folgerten, dass es ihm unbewusst dazu verhalf, sich erfolgreicher fortzupflanzen. Tatsächlich ist dies rein statistisch der Fall.

Eine schöne Theorie! Nachdem Frauen – aus männlicher Sicht – *ihre Haare auf den Zähnen* haben, das heißt Aggressionen eher verbal ausleben, fragen wir uns allerdings, ob der Evolution da nicht ein kleiner Fehler unterlaufen ist ...

Die Unterkieferbogen: Unser Verhalten im Handlungsprozess

Der Unterkiefer zeigt, wie wir uns verhalten, wenn Schwierigkeiten bei der Durchführung von Wünschen, Plänen und Zielen auf uns zukommen. Form, Beschaffenheit und Färbung des Gewebes geben Auskunft darüber,
- ob wir sie mit unabänderlicher Willensstärke überwinden wollen;
- ob wir die kraftschonendere Alternative des Loslassens vorziehen oder
- ob wir die Sache auf später vertagen und damit auf günstigere Umstände warten können.

Je kraftvoller und gespannter der Unterkiefer ausgeprägt ist, umso weniger lässt sich der Mensch von seinen Plänen abbringen und geht mit dynamischem Willen auf sein Ziel zu.

Schwach ausgeprägte Unterkiefer mit wenig Spannung deuten auf Menschen mit geringer entwickelter Durchsetzungskraft und Beharrlichkeit hin.

Wussten Sie, dass »handeln« von »Hand« kommt? Hier erfahren Sie, was Ihr Kinn und Kiefer Ihnen dazu sagen möchten:

Kinn und Kiefer – ein starkes Team

Nr.	Aussage	PA*	Seite
53	Die Bereitschaft zu impulsiven Handlungen in mir ist groß. Manchmal handle ich rascher, als ich denke.	V	111 f.
54	Ich bin eher zögerlich und freue mich daher über Impulse von außen, die mich veranlassen, aktiv zu werden.	G	70
55	Auf Kritik reagiere ich sehr sensibel. Worte, Gesten oder ein schiefer Blick können mich leicht verunsichern.	G	70 f.
56	Ich kümmere mich sehr gerne um andere Menschen und will, dass es ihnen gut geht. Das liegt mir weitaus mehr, als mit ihnen zu konkurrieren.	G	70
57	»Wer ist besser?« – Ich liebe Wettkampf und Konkurrenz und will mich mit anderen messen.	V	112
58	Ich rivalisiere nicht, um die Frage zu klären, wer der Stärkere ist. Ich will meinen Platz finden oder etwas erreichen und gehe dabei Schritt für Schritt vor, ohne unnötig Kraft zu vergeuden.	R	84
59	Ich bin leicht reizbar und es kann durchaus passieren, dass ich überreagiere und meine Handlungen unberechenbar werden.	V	112
60	Ich kann gut würdevoll Haltung bewahren, auch wenn ich bis ins Mark erschüttert bin.	S	97
61	a) Ob ein Projekt gelingt oder nicht, darf doch nicht von ein paar Hindernissen abhängen, die sich mir in den Weg stellen! Wenn nötig, setze ich unkonventionelle Mittel ein, um Stolpersteine zu beseitigen und manchmal kann ich dabei ganz schön verbissen sein.	V	112
	b) Um zum Ziel zu gelangen, gehe ich dynamisch und kontinuierlich vor. Dort, wo mein Plan endet, komme ich jedoch meistens nicht weiter, um anstehende Hindernisse zu bewältigen.	S	98
	c) Hindernisse überwinde ich ruhig und beharrlich, auch wenn es manchmal lange dauert.	R	84 f.
	d) Hindernisse, die wie eine Wand vor mir stehen, vermeide oder umgehe ich. Ich bohre nicht gern harte Bretter, das kostet mich einfach zu viel Energie.	G	71

* (PA = Persönlichkeitsanteil)

Alles ist Energie oder:
Einladung zum Kaffeekränzchen

Alles ist eine Frage der Energie: Wenn Sie einen selbst gebackenen Kuchen zum Kaffee genießen wollen, dann müssen Sie den Teig zusammenrühren, in die Kuchenform gießen oder aufs Backblech streichen. Ohne Strom wird Ihr Kuchen jedoch selten zum Genuss. Es fehlt die nötige Energie. Die Erkenntnisse der modernen Physik zeigen, dass jede Materie nur eine Form von verdichteter Energie ist. Energie ist wiederum nichts anderes als Schwingung. Auch beim Menschen sehen und spüren wir, in welcher Energie er schwingt, ob »der Kuchen gelingt, der Teig grade ruht oder über die Form hinausläuft«. Sie wissen wie selbstverständlich, ob Ihr Kollege gerade Urlaub hatte oder ihn nötig hat, ob Ihre Kinder gute oder schlechte Noten aus der Schule mitbringen, ob Sie selbst gerade »in Form« sind oder sich kraftlos fühlen. Wir sind Ausdruck unserer Kräfte, unsere Persönlichkeit ist zum großen Teil Widerspiegelung der inneren Energien.

Sichtbar wird dies über unsere äußere Form, die Spannung, Strahlung und Färbung von Haut und Gewebe. Um beim Beispiel des Kuchenbackens zu bleiben: Es ist nahezu unmöglich, aus Rührteig ein Croissant herzustellen oder aus einer Brotbackmischung eine Bisquitrolle. Menschliche Energien sind ähnlich im Aufbau: Dort, wo die äußere Form über eine entsprechende energetische Ausprägung »Bisquitrolle« ankündigt, können Sie diese auch erwarten:

Eine Form menschlicher Energie ist die Wut: ein momentaner Zustand, genauso wie Freude oder Zufriedenheit. Die Energie von Wut bewirkt, dass sich in unserem Körper verschiedene Vorgänge abspielen: Die Atmung wird schneller, die Haut verfärbt sich ins Rötliche, Mimik und Gestik verändern sich, auch die Stimme wird lauter und schriller.

Stellen Sie sich vor, Wut wäre kein Ausnahmezustand, sondern ein Dauergefühl. Es fällt nicht schwer, daraus abzuleiten, dass dies dauerhafte Wirkungen auf Ihrem Gesicht, in Ihrer Körperspannung, Ihrer Kommunikation usw. hervorrufen würde. Ihr Gesicht als Minikosmos Ihrer momentan gelebten Energie funktioniert nach dem gleichen Prinzip.

Unser Erscheinungsbild ist immer Ausdruck dessen, wer und wie wir sind, wie wir uns selbst sehen und von anderen wahrgenommen werden. Das ändert sich im Laufe des Lebens immer wieder, so wie sich auch das Leben um uns herum ständig ändert. Damit wir in unsere Mitte kommen, uns wohl mit uns selbst fühlen, sollten wir begreifen, dass wir so aussehen, wie wir sind – und dabei Licht- und Schattenanteile in unserer Persönlichkeitsmischung gleichermaßen integrieren können.

Begriffe wie »Selbst-Wert«, »Selbst-Vertrauen« und »Selbst-Ausdruck« gehen Hand in Hand mit der Akzeptanz, die entsteht, wenn wir einen positiven Weg gefunden haben, uns anzunehmen in der Einmaligkeit, in der wir geschaffen wurden.

Wir verstehen unser Buch als die Annäherung an unser inneres Selbst, an die sichtbare Form innerer Strukturen in einer unglaublichen Vielfältigkeit: Der Mensch ist wie ein Kaleidoskop, bunt, schillernd, immer in Veränderung und im Wandel. Deshalb können wir nicht einzelne Verhaltensweisen sehen und erklären, wohl aber erkennen, welche Grundanlagen der Mensch hat, der uns gegenübersteht – oder uns aus dem Spiegel entgegenblickt –, wie er sie in der Vergangenheit gelebt hat und welche Potenziale er für die Zukunft hat.

Wenn wir unseren Freunden, Bekannten und Interessierten mit dem Thema »Physiognomik« begegnen, dann ist sicher eine der am häufigsten geäußerten Befürchtungen: »Hier wird doch rasch eine klischeehafte Schublade geöffnet, aus der man – einmal hineingesteckt und abgeurteilt – nur schwer wieder herauskommt!« Doch diese Gefahr besteht nur dann, wenn Physiognomik als starres System missbraucht wird, mit dem der Mensch lieblos und unbedacht gescannt wird.

Das menschliche Erscheinungsbild ist sehr komplex und fortwährend im dynamischen Wandel begriffen: Wir müssen auf Anforderungen unserer Umwelt reagieren, uns dann innerlich neu einrichten und auf die Fragen des Lebens mit Bereitschaft antworten. Dabei werden wir von Energien gelenkt und getragen, die in unserem Inneren diese Prozesse begleiten.

Diese Energien manifestieren sich in sichtbaren Erscheinungsformen. Als aufmerksamer Betrachter können wir sehen, wie Menschen in der Vergangenheit auf Reize reagiert haben und welche Energie dabei im Spiel war. Diese Reaktionsmuster führten dazu, dass sich Formen nicht nur über eine *Grundveranlagung*, sondern auch durch *Grundverhaltensweisen* bildeten, die mehr oder weniger »konstante« Formen des Gesichts und des Körperbaus hervorbrachten. Sie werden zunächst über die Porigkeit des Hautgewebes, die Formgebungen und Plastizierungen (d.h. die plastischen Wölbungen) sichtbar. Übertragen auf die Grundinformation eines Ausdrucksareals, zum Beispiel der Nasenspitze, kann daraus eine bestimmte Eigenheit des Menschen abgeleitet werden, die durch das Verstehen der energetischen Wirkung gezielte Aussagen und Rückschlüsse gestattet. Diese Interpretationen haben sich in der Physiognomik in der Vergangenheit als richtig erwiesen und besitzen nicht zuletzt deshalb empirischen Charakter.

Zum Glück sind wir jedoch dank unseres Bewusstseins *nicht* in einem Reaktionskäfig gefangen, der keine Bandbreite, Veränderung oder Spielräume mehr ermöglicht! In die Praxis übertragen bedeutet dies, dass wir uns ständig aufs Neue die Informationen des Gesichts vergegenwärtigen müssen. Sie in einem neuen Kontext zu lesen und zu bewerten bedeutet, dass dadurch auf einer sehr bewussten Ebene dauerhaft Schubladendenken und Missbrauch verhindert werden.

»Energien und Formgebung – wie ist das möglich?«, mögen sich die Wissbegierigen unter Ihnen fragen. Zu diesem Thema empfehlen wir das hervorragende Werk *Kraftrichtungsordnung* von Werner Glanzmann-Krstin. (Weitere Buchempfehlungen finden Sie auf Seite 156.)

»... Das Innere eines Menschen offenbart sich in seinem Äußeren«, formulierte schon Johann Wolfgang von Goethe. Diese Erkenntnis ist nicht neu: Auch Christian Morgenstern hatte wohl ähnliche Gedanken, als er schrieb: »Der Körper ist der Übersetzer der Seele ins Sichtbare«. Beide brachten damit zum Ausdruck, was nicht zuletzt die moderne Quantenphysik aufzeigt: einen unbestreitbaren und engen Zusammenhang zwischen Geist und Materie. Auch geistig-seelische Prozesse, die sich im Menschen abspielen, stellen eine Art von Energie dar, die sich über die äußere Erscheinungsform des Menschen einen Kanal nach außen bahnt.

Wenn Sie sich beispielsweise gerade über einen Kollegen geärgert haben, Ihre Halsschlagadern pulsieren und ein hochroter Kopf anzeigt, dass Sie wie ein Dampfkessel stark unter Druck stehen, dann spricht Ihr Äußeres eine deutliche Sprache. Niemand käme in dieser Situation auf den Gedanken, in Ihnen den frischverliebten Romantiker zu erkennen – davon sind Sie jetzt weit entfernt! Wut oder Liebe – diese beiden energetischen Zustände haben Einfluss darauf, wie Sie das anstehende Gespräch zur Gehaltserhöhung führen werden, wie gerade heute eine Mitarbeiterbeurteilung oder ein Gespräch mit dem Partner ausfallen werden.

Genauso verhält es sich mit Energien im Körper: Sie fließen immer dann ungehindert, wenn keine Blockaden vorhanden sind. Sind Energien jedoch gestaut oder blockiert, führt dies unweigerlich zu Konsequenzen in unserem Leben, die sich beispielsweise so lange in körperlichen oder seelischen Sensationen melden, bis eine Klärung oder Regulierung erfolgt ist.

Was ist Energie?

Grundsätzlich beschreibt das Wort »Energie« die Fähigkeit, eine geistige oder körperliche Arbeit zu verrichten. Wenn Energie wirkt, erzeugt sie Bewegung: Sie beschleunigt, hemmt, veranlasst einen Richtungswechsel – und anderes mehr. Dabei ist sie natürlich an bestimmte Außenbedingungen geknüpft, die ihre Wirkungsweise begünstigt oder behindert: Eine Kerze auf dem Tisch in Kombination mit einem tief ausgeschnittenen roten Samtkleid machen noch lange keinen romantischen Abend, und auch wenn wir einen Stehgeiger hinzufügen, ist dies kein Garant für einen gelungenen Ausklang. Diese Rahmenbedingungen aber können die romantische Stimmung durchaus fördern, wenn eine entsprechende Atmosphäre gegeben ist. Auch ein Diktator, der das Volk zum »totalen Krieg« auffordert, bewirkt noch lange keinen Weltkrieg. Wenn jedoch wirtschaftliche oder politische Außenbedingungen und die gesellschaftliche Stimmung einen Nährboden im Bewusstsein der Menschen dafür geschaffen haben, kommt es dazu – wie uns die Geschichte lehrt.

Die vier Energien, die wir Ihnen in diesem Buch vorstellen – und die wir *Gefühls-, Verwirklichungs-, Verstandes- und Veränderungsenergie* nennen – beeinflussen nachhaltig unsere Persönlichkeit. Aus diesen vier Motivatoren folgt das, was wir der Einfachheit halber im Textfluss mit GEFÜHL, REALITÄT, STRUKTUR und VISION bezeichnen.

Was und wie wir sind, ist eng geknüpft an die Tatsache, dass sich innewohnende Kräfte in beobachtbarem Handeln ausdrücken: Wonach wir uns sehnen, welche Umstände wir suchen, um uns zu entfalten, oder wie wir auf Menschen und Ereignisse reagieren – all dies ist letztlich die Wirkung von ursprünglichen Energien in unserem Inneren.

Wir alle haben solche Kräfte in uns, die Potenziale und Möglichkeiten zur Entfaltung bringen wollen. Dabei steht außer Frage, dass in jedem Menschen Licht- und Schattenanteile existieren. Wir haben immer die Wahl, zu welcher Handlung sie uns führen, und jede Entscheidung ist zunächst weder gut noch schlecht – sie ist.

Keine der vier Energien steht für sich allein. Sie wirken gemeinsam, beeinflussen sich, unterstützen oder hemmen sich und mildern Extreme. Über die äußere Form des Körpers, über Bewegung und Stimme transportieren sich diese Kräfte nach außen. Vor allem aber werden sie deutlich an den konstanten Formen des Ge-*sicht*-es – bei näherer Betrachtung signalisiert es das Wort bereits selbst.

Bisher haben wir einzelne Punkte im Gesicht beschrieben und die durch sie gebildeten energetischen Formen psychologisch übersetzt. Wir können diese Punkte auch als *Ausdrucksareale* oder *Ausdruckszonen* bezeichnen. Sie werden erstaunt feststellen, wie außerordentlich facettenreich das menschliche Gesicht ist: Einem Kaleidoskop gleichend sind wir immer in Bewegung, in Veränderung und im Wandel. Deshalb gibt uns auch die Physiognomik nur den Hauch einer Ahnung, welche Prozesse sich innerlich in uns abspielen, wodurch sie hervorgerufen wurden und werden. Bei der Interpretation der Ausdruckszonen wird deshalb diese faszinierende Komplexität stets berücksichtigt. Dies geschieht unter Einbeziehung aller Informationen, die zur Verfügung stehen und die es erlauben, quasi eine »Momentaufnahme« jenes Menschen anzufertigen, um den es gerade geht – entweder um Sie selbst oder um andere.

Wohlwollen, Wertschätzung und Respekt vor der Persönlichkeit des anderen führen wie selbstverständlich dazu, dass Sie als Betrachter sich zurücknehmen und erkennen: Selbst wenn eine Analyse meisterlich und fundiert geschieht, haben Sie nur den Funken einer Idee davon, wie und warum der andere Mensch so ist, wie er ist. Ihm in seiner Ganzheit gerecht zu werden, ist fast unmöglich.

Zunächst steht zwar immer die Betrachtung des Ausdrucksareals im Vordergrund, das Erkennen, was *bisher* war. Doch danach bringen wir es in Abgleich mit dem, was im *Augenblick* ist. Die Berücksichtigung von Spannung und Strahlung im Hautgewebe, von Färbung, Modellierung und Porigkeit der Haut sind wichtige Interpretationsgrundlagen. Der Umgang damit erfordert sicherlich Übung und gegebenenfalls Supervision durch einen Erfahrenen und Geübten. Im therapeutischen Zusammenhang sollten deshalb vor einer aussagekräftigen Analyse Make-up, Rouge und Puder möglichst entfernt werden! Weiches Gewebe bedeutet Zurücknahme zugunsten einer stimmigen Atmosphäre, gespanntes Gewebe Betonung des selbstbestimmten Willens. Innere Spannungen und Drucksituationen beantwortet der Körper über die Membran Haut entweder mit einer Färbung (rot, blau, braun, gelb) oder mit unregelmäßigen, asymmetrisch gebildeten Formen bzw. einem Abstehen vom Kopf (Ohren, Haarwirbel) und anderem mehr.

Helle Färbung und feine Strahlung zeigen Entwicklung und Bewusstheit in diesem Ausdrucksareal an. Das Gewebe wirkt hier wie »beleuchtet« und signalisiert, wo diese Energie aktuell fließt. Grundsätzlich gilt also: Rosig strahlendes und hell leuchtendes Gewebe begünstigen folgende Eigenschaften:
- geistige und/oder gefühlsmäßige Klarheit,
- ordnend und lebensbejahend,
- wohlwollend,
- vertrauensbildend

… und anderes mehr – Eigenschaften also, die evolutionär aufbauenden und fördernden Charakter haben.

Mattes und dumpfes Gewebe sagt aus, dass die oben angeführten Punkte auf das Elementare, Stoffliche reduziert sind.

»Dominante Ausdrucksareale zeigen sich dominant im Leben«: Lenken Sie also grundsätzlich Ihre Aufmerksamkeit auf sehr betont wirkende Ausdrucksareale in einem Gesicht! Eine markante, vorspringende Nase beispielsweise, die besondere Präsenz eines großen Mundes mit üppigen Lippen in einem ansonsten fein gezeichneten Gesicht oder kleine, tief liegende Augen in einem sehr flächigen Gesicht geben Ihnen als Betrachter wichtige Hinweise, die Sie bei der Gesamtinterpretation eines Menschen unbedingt berücksichtigen sollten.

Und dann war da noch ...

Sie sind gerade dabei, eine Tür zu öffnen, von der Sie sich vermutlich und zu Recht erhoffen, dass sich dahinter etwas Großes, Einmaliges und Besonderes verbirgt. Doch Sie werden feststellen, dass sich hinter dieser ersten Tür noch viele weitere öffnen werden, die Ihre Horizonte auf vielfältigste Weise erweitern können und manche Überraschungen bereithalten. Verstehen Sie dieses Buch als Schlüssel und Orientierungshilfe.

In diesem Sinn wünschen wir Ihnen viel Freude beim Durchschreiten und ein sinnerfülltes Studieren.

Gefühlsenergie – GEFÜHL

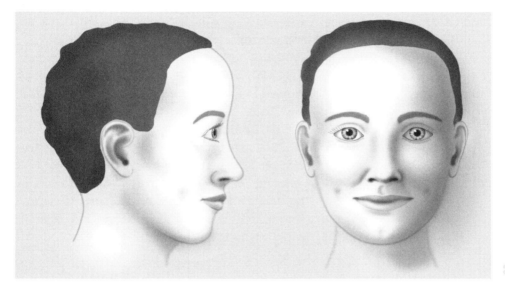

In diesem Kapitel geht es um die Kraft, aus der Gefühle entstehen und die im Persönlichkeitsanteil GEFÜHL vorherrschend wirkt (siehe auch Abbildung in der Buchmitte, Seite II). Freude und Lust, Missgestimmtheit und Unlust, innere Erregung und Beruhigung: So äußern sich deutliche Bewegungen unseres Gefühls. Wir kennen sie alle, haben sie erlebt und empfunden, sie begleiten unser Leben jeden Tag aufs Neue; wir erleben äußere Reize und übernehmen sie in unsere innere Welt. Dabei entsteht etwas, was wir »Gefühl« nennen, etwas, das wir in unbestimmt vielen Nuancen und Qualitäten wahrnehmen.

Zum Gefühlsleben des Menschen zählen wir jedoch nicht nur die Prozesse, die sich innerlich ereignen, sondern auch die nach außen getragenen Reaktionen und Bezeugungen dessen, was wir erleben. Je nachdem, welche Empfindungen und Vorstellungen diese Gefühle begleiten, lassen sie sich wiederum unterscheiden. Dabei spielen die Qualität der Zeit und die Atmosphäre eine entscheidende Rolle: Je mehr wir beispielsweise zeitlich unter Druck stehen oder je unangenehmer die Atmosphäre beschaffen ist, in der Gefühle auftauchen, desto schwieriger wird es für uns, Klarheit über unsere Gemütsbewegungen zu finden. Macht uns eine Situation wütend, so kann Druck von außen – zum Beispiel von Menschen, die uns nicht wohlgesonnen sind – die Wut noch steigern. Wenn wir beim gleichen Gefühl günstigere Bedingungen vorfinden, dann reagieren wir meist angemessener. Nicht immer können wir uns selbstbestimmt abgrenzen, um zur Ruhe zu kommen. Dann drängen seelische Erregungszustände uns zu raschen Handlungen und veranlassen uns häufig zu *emotionalen Reaktionen*, die wir in ruhiger Wahrnehmung unserer inneren Empfindungen anders bewerten und klären würden.

GEFÜHL im Menschen bewirkt, dass seine Denk- und Handlungsweisen instinktiv gefühlsmäßig gelenkt werden. Höhere Vernunft und Intuition gehören genauso zum Thema GEFÜHL wie die Wahrnehmung der eigenen *inneren Welt* und ein hohes Interesse an sozialer Interaktion im zwischenmenschlichen Bereich. Auch Anpassungsbereitschaft mit dem starken Bedürfnis nach einer *stimmigen Atmosphäre*, eine Sehnsucht nach Empfindungen und das Verbundenheitsgefühl mit allem Lebendigen sind für Gefühlsmenschen wesentlich.

Energetische Form, Bewegung, Mimik/Gestik

GEFÜHL bildet feine, weiche oder konkave Formen im Gesicht. Die Haut ist von weichem, lockerem und leuchtendem Gewebe durchzogen. Der Gang von Menschen mit viel Gefühl ist beschwingt, die Bewegungen fließend.

Mimik und Gestik sind lebhaft und anteilnehmend, die Stimme klingt zwitschernd, ist gut moduliert.

GEFÜHL wirkt weich, warm, fließend, offen, bewegt, geneigt, empfindsam, weiblich, intuitiv, atmosphärisch, gefühlsorientiert, innerlich ...

---

* Im empfohlenen Werk *Kraftrichtungsordnung* von Werner Glanzman-Krstin ergibt sich diese Energie aus dem odisch-heliodischen Grundkräftecharakter. Die Illustration auf der vorangegangenen Seite zeigt die Reinform dieses Persönlichkeitstyps.

Motivation & Psychogramm

*Der Mensch wird geboren, um zu leben,
und nicht, um sich auf das Leben vorzubereiten.*
Boris Pasternak

Menschen mit vielen Gefühlsanteilen sind gefühlvoll und vielseitig interessiert, das soziale Miteinander im Leben steht bei ihnen im Vordergrund. Eine Welt, die heil ist, in der alles und jedes seinen Platz hat und eine angenehme, stimmige Atmosphäre herrscht, kommt ihnen sehr entgegen. So finden sie Energie und Ausgleich – und dafür setzen sie sich ein. Ist dieses elementare Bedürfnis nach ihrem Empfinden nicht gewährleistet, entziehen sie sich, meist ohne es zu kommunizieren.

Dieser Persönlichkeitsanteil zeichnet sich aus durch eine hohe Fähigkeit zur Kommunikation, Mobilität und Flexibilität, einem Schmetterling gleich, der von Blüte zu Blüte tanzt und wohltuend seine Umwelt berührt.

Menschen mit vielen Gefühlsanteilen wirken spritzig, lebhaft und agil, kurz, sie scheinen die Leichtigkeit des Seins gepachtet zu haben. Sie können das Leben in vollen Zügen genießen und gewinnen ihm durch ihre positive Lebenseinstellung die Sonnenseiten ab. Die volle Entfaltung erreichen sie, wenn die Atmosphäre in ihrem Umfeld durch Lachen, Spaß, Abwechslung und menschliche Wärme geprägt ist.

Auf der weniger entwickelten Seite finden sich Menschen, die zur Oberflächlichkeit neigen, denen strukturiertes, ernsthaftes Denken nicht in die Wiege gelegt wurde. Philosophischen oder analytischen Tiefgang bei der Lebens- und Problembewältigung in Alltag und Beruf lassen sie sehr häufig vermissen, auch konzentrierte und fokussierte Denkarbeit sowie Routinetätigkeiten lassen sie schnell ermüden.

Leben und Bewegung im Gesicht entsteht bei GEFÜHL dort, wo Kontaktbereitschaft und Kontaktfähigkeit sichtbar sind (Mittelgesicht, Mund, Augen).

Betonte Oberstirn bei gleichzeitig schwächer entwickelter Unterstirn: Das obere Stirndrittel ist in der Gesamtbetrachtung Ihrer Stirn am ausgeprägtesten, das untere Stirndrittel am wenigsten entwickelt.

Ein realpraktisches Wissen ist für Sie nicht wirklich von Bedeutung – vielmehr stellt sich Ihnen die Frage, welche Auswirkungen Ihr Tun auf die Gemeinschaft hat. Spüren, Ahnen und intuitives Erfassen haben in Ihrem Denk- und Geistesleben hohe Priorität. Gedanken werden mit schöpferischer Fantasie weiterentwickelt und in die Außenwelt gebracht. Dort wird sorgfältig ein Ausgleich mit den Bedürfnissen der Umwelt gesucht, bevor Sie ein Urteil fällen oder sich an die Umsetzung machen.

Die Betonung der Oberstirn bei gleichzeitig schwächer entwickelter Unterstirn zeigt ein hohes Maß an fantasievollem Denken. Dabei lassen Sie sich weniger vom Machbaren leiten als vielmehr von dem, was Sie unter »nice to have« verstehen. Ihre Denk-Art ist also eher idealistisch als rational. Das zeichnet Sie als unkonventionellen, flexiblen Denker aus, der – sozial gesinnt – sein Gegenüber in die Gesamtbetrachtung mit einbinden möchte.

Die Augen sind eher groß und vortretend, der Blick wirkt weich: Die Gefühlsbetonung zeigt sich an der *weichen Ausstrahlungsqualität* Ihrer Augen, die der Umwelt entgegenleuchten. Es leitet sich daraus das starke Interesse ab, dem Mitmenschen und der Umwelt wohlwollend zu begegnen.

Die nach außen gewölbten, *vortretenden Augen* zeigen an, dass Sie das Bedürfnis haben, sich sprechend mitzuteilen und Ihre Gedanken in Worte zu fassen.

Die großen Augen offenbaren dabei das Bedürfnis, das Ganze in sich aufzunehmen und weniger detailorientiert und -fixiert zu sein. Wichtig ist also, was gefühlsmäßig bei Ihnen ankommt. So werden viele Lebensbelange über das Gefühl gedanklich wahrgenommen, um diese geistig und seelisch zu verarbeiten.

Pupillenstellung »über der Achse«: Würde man zwischen dem inneren und dem äußeren Augenwinkel eine Linie ziehen, dann steht Ihre Pupille eindeutig oberhalb dieser Linie. So zeigt sich Ihre eher idealistische Gedankenausrichtung. Sie haben eine klare Vorstellung davon, wie die Welt sein müsste und sind häufig bereit, für Ihre Ideale große Opfer zu bringen. Ob diese Ideale sinnvoll sind oder nicht, wer will das entscheiden?

Nasenlänge: Im Verhältnis zur Gesichtslänge nimmt Ihre Nase *weniger als ein Drittel* der Gesamtlänge in Anspruch. Sie zeigt damit die Bereitschaft an, sich bei der Planung zur Lebensentfaltung nicht von »Wenn«, »Aber« und möglichen Umständen stören zu lassen, sondern für den Augenblick zu entscheiden. Festgelegte Ziele handhaben Sie flexibel, in der Planung eines Vorhabens reicht also ein Minimum an Vorbereitung. Gerne probieren Sie auch Neues aus und sind im positiven Sinne neugierig.

Der Nasenrücken ist in seinem Verlauf konkav (nach innen geformt): Ist der Übergang zwischen knöchernem und knorpeligem Teil der Nase zusätzlich konkav geformt, so ist der Grat zwischen Anpassungsbereitschaft und der Einladung zur Fremdbestimmung oft sehr schmal. Dies bedeutet, dass Sie es durchaus zulassen können, das eine oder andere Mal bei der Hand genommen zu werden und sich auch führen zu lassen. Sie verfolgen dann Ihre Ziele ohne Anspannung, nehmen den Weg des geringsten Widerstandes und lassen dabei auch einmal Fünfe gerade sein. Dies verstärkt sich noch, wenn die Haut auf dem Nasenrücken nicht gespannt wirkt.

Konkave Form im Übergang zwischen Knochen und Knorpel: Schon während Sie planen und vorbereiten, lassen Sie sich von den Gefühlen Ihrer Mitmenschen beeindrucken. Das beeinflusst dann letztlich auch Ihre Entscheidungen: Steht zum Beispiel ein Verkäufer mit Haushaltsbürsten vor der Tür, kann er mit seiner Kollektion vermutlich bei Ihnen zunächst nicht landen. Das dürfte sich jedoch schnell ändern, wenn er Ihnen seine Lebens- und Leidensgeschichte erzählt: Sie erfahren, dass er unverschuldet in Not geraten ist, dann in diese Drückerkolonne kam und jetzt auf diese Weise sein Brot verdient. Mit dem kläglichen Verdienst versorgt er sogar seine fünf Kinder und den kranken Hund!

Sie sind also über Gefühle stark ansprech- und beeindruckbar. Sich gemütvoll auf etwas einzulassen ist für Ihre persönliche Lebensqualität sehr wichtig und unterstreicht Ihr eigenes Fühlen eindrucksvoll. Dabei wird das, was für den eher nüchtern empfindenden Menschen klar ist und faktisch weniger Berücksichtigung findet, für Sie oft zum Problem, das bis zu seiner Klärung immer und immer wieder bewegt werden will. Erst dann sind Sie im Einklang mit dem, was Sie als weitere Vorgehensweise entschieden haben.

Dies zeichnet Sie als einen Menschen aus, der eigene Gefühle und die anderer bei seiner Selbstverwirklichung unbedingt schon während der Planungsphase in seinem Wollen mit berücksichtigt. Sie sind gefühlsmäßig ansprechbar und wollen sich auch im beschriebenen Sinne von Gefühlen tief bewegen und beeindrucken lassen.

Die Nasenwurzel ist in der Profilansicht des Gesichts im **Übergang gerade** und von vorne betrachtet breit: Hier sieht man die Geschwindigkeit, mit der ein Gedanke ins Bewusstsein tritt. Über die tatsächliche Qualität des Reflektierten ist dabei noch keine Aussage getroffen. Ein gerader Übergang ist nahezu ein Garant für rasches Erfassen und Reflektieren der im Intellekt gespeicherten Informationen. Eine gewisse Schlagfertigkeit und Argumentationssicherheit ist bei Gesprächen zweifelsohne Ihr Plus. Außerdem haben Sie die Fähigkeit, guten Überblick bei vielen parallel eintreffenden Informationen zu behalten und diese simultan verarbeiten zu können. Mit diesem Talent dürfte es Ihnen zum Beispiel wenig Mühe bereiten, sich auf ein Gespräch einzulassen und gleichzeitig noch mitzubekommen, was an Hintergrundinformation im Radio läuft.

Von Kommunikation kann man jedoch erst dann sprechen, wenn auch Gefühle mit ausgetauscht werden. Dann zeigen sich die **Nasenflügel plastisch.**

Alles andere würden wir eher mit dem Austausch von Information übersetzen. Der Mensch ist dann zwar durchaus in der Lage, sich stundenlang zu unterhalten, dennoch bleibt am Ende das Gefühl, dass Wesentliches – das, was eigentlich von Bedeutung und Wichtigkeit für einen atmosphärisch abhängigen Menschen gewesen wäre – nicht gesagt wurde.

Das Mittelgesicht ist flächig, feinporig, rosig strahlend, weich und hervortretend: Mit *weichem*, hervortretendem, strahlend durchleuchtetem *Gewebe* im Bereich der Wangen sucht der du-orientierte Mensch den Kontakt.

Sie haben die Begabung, atmosphärische Stimmungen über das Gefühl wahrzunehmen. Die *Feinporigkeit* des Hautgewebes ist Anzeiger für die Qualität, gefühlvoll in Berührung zu anderen Menschen zu treten.

Ihre hohe Kontaktbereitschaft und das Bedürfnis nach Nähe ist gekoppelt an eine weiche, herzliche und wertschätzende Ansprache des Gegenübers (weiches Hautgewebe). Die *rosige Färbung* zeigt Ihre aktive Bereitschaft, diese Kontakte zu suchen.

Je *flächiger das Mittelgesicht*, desto vielfältiger werden – über das Bedürfnis, zahlreiche Kontakte zu knüpfen – die Begegnungen. Bei weicher Haut im Mittelgesicht können sich Menschen oftmals schlecht von anderen abgrenzen. Hier besteht die Gefahr, sich im oder in den anderen zu verlieren. Darüber hinaus bedeutet weiche Haut hier: Sie haben das Bedürfnis, sich zu klären. »Was ist meines – was ist deines?«, lautet die zentrale Frage in diesem Kontext. Sie ist der innere Beweggrund für äußeren Austausch. So können Ihre eigenen Gefühle sich klären und ebenfalls in Fluss kommen.

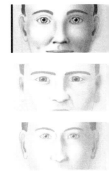

Wangengrübchen: Der Kontakt auf zwischenmenschlicher Ebene steht bei Ihnen also im Vordergrund. Die Wangengrübchen zeigen ein hohes Maß an charmantem und liebenswürdigem Esprit, was einen sozialen Umgang zusätzlich erleichtert. Sie machen es den Menschen leicht, gehen auf sie zu und können sehr verbindlich sein.

Von Wilma Castrian (siehe Buchempfehlungen) stammt in diesem Zusammenhang der Begriff »Planschbecken Amors«. Erinnern Sie sich? Amor verschießt in der griechischen Mythologie Pfeile konzentrierten Gefühls. Ganz so wie der Persönlichkeitsanteil GEFÜHL sendet er – ohne Berechnung und Bedacht – atmosphärische Botschaften. Schwierig wird es für diejenigen, die sich von derartig charmant-liebevollen Zuwendungen mehr versprechen als vom »Schützen« beabsichtigt war ...

Die Jochbeine sind seitlich betont: Die hervortretenden Jochbeine werden übersetzt mit der Fähigkeit, sich im Bedarfsfall wertschätzend, aber entschieden abzugrenzen. Abgrenzung und damit Schutz sind dann gefragt, wenn Offenheit zum Gegenüber mit der Möglichkeit übersetzt wird, über Sie bestimmen zu wollen.

Wie eingangs schon beschrieben, sprechen wir bei seitlich entwickelten Jochbeinen mit weichem Gewebe von *passiver Eigengesetzlichkeit*. Damit ist die Eigenart eines Menschen gemeint, zugunsten der momentanen Stimmung dem Wunsch des Gegenübers zuzustimmen, sich dann aber selbst treu zu bleiben und den eigenen Wünschen zu folgen (sehr oft, ohne dies auszusprechen): »Rede nur, Liebling, ich mach doch, was ich will« – könnte Ihr entsprechender Gedankengang lauten.

Die innere Ohrleiste ist im Vergleich zur äußeren vortretend: Sie haben das Bedürfnis, sich spontan mitzuteilen, wenn Ihnen etwas auf der Seele liegt oder Sie innerlich etwas bewegt.

Die Ohren sind im mittleren Bereich betont: Für Menschen, denen es geht wie Ihnen, haben Sie immer ein »offenes Ohr«. Sie sind unvoreingenommen, haben daher ein hohes Maß an seelischer Offenheit und können großzügig auf andere eingehen. Die proportionale Betonung des mittleren Ohrbereichs ist ein Indiz für die seelische Ansprechbarkeit. Sie zeigt, dass Sie zugänglich sind für Wohlklang, Anerkennung und tröstende Worte. Dabei müssen Sie diese nicht analysieren und sich ständig fragen: »War das jetzt wirklich so gemeint? Warum sagt er das, was will er damit erreichen?«

Diese Betonung bedeutet auch, dass Sie sich im zwischenmenschlichen Kontakt weniger vom Verstand als vom Gefühl leiten lassen möchten.

Weiche Ohren: Wie bereits erwähnt, stehen die Ohren in der psychologischen Physiognomik für unsere seelischen Tiefenschichten. Wir nehmen mit ihnen nicht nur bewusst-akustisch, sondern auch unbewusst Schwingungen wahr. Dies können wir nicht willentlich kontrollieren, denn der Ohrkanal ist immer offen, auch wenn Sie zum Beispiel schlafen: Sind Ihre Ohren eher weich, so zeigen Sie auch hier wieder Offenheit und Empfänglichkeit.

Helle Ohren: Das Gewissen ist genauso schwer zu lokalisieren wie die Seele. Genau genommen handelt es sich bei diesem Begriff um ein Gefühl, das wir alle kennen. Hier geht es hauptsächlich um die Klärung der immer wiederkehrenden Frage, ob es richtig oder falsch ist, was wir tun. Daraus entwickeln wir unsere höchst persönliche Interpretation von Ethik, die in der Konsequenz dann unser Handeln beeinflusst. Der Volksmund behauptet, das Gewissen ruhe auf unseren Schultern – in Form eines Engels und eines Teufels, die sich dort breit gemacht haben und uns ins Ohr flüstern, was wir tun und was wir besser unterlassen sollten.

Aus physiognomischer Sicht lokalisieren wir das Gewissen unter anderem tatsächlich am Ohr: Wenn wir von Gewissen sprechen, dann verbinden wir damit die Idee, dass es für all unsere inneren Regungen einen »Mitwisser« gibt, dem nichts verborgen bleibt. Vor ihm müssen alle Gefühle, Gedanken und Handlungen bestehen. Je heller die Ohren strahlen, desto intensiver erlebt der Mensch diese inneren Bewegungen, desto unmittelbarer nimmt er innerlich wahr, was er – in einem höheren Sinne – tun soll.

Das Pallium ist weich, feinporig und konkav geformt. Sie überprüfen eigene Interessen über Ihr Gefühl, um sie anschließend mit den Bedürfnissen Ihres Gegenübers abzuwägen. Es liegt Ihnen fern, energischen Willen und ehrgeiziges Beharren an den Tag zu legen, um anderen zu zeigen, was Sie wollen. Dies würde für Sie bedeuten, das zu zerstören, was Sie wollen. Mit Entschiedenheit zu reagieren und damit klar zu machen, wo Ihre Interessen sind, liegt also nicht so sehr in Ihrer Natur; lieber nehmen Sie sich zurück und lassen anderen den Vortritt.

Ein kurzes Pallium deutet darauf hin, dass Sie Ihre Interessen innerhalb kurzer Zeit wieder aus den Augen verlieren können und davon abkommen: »Ach, das war mir nicht so wichtig!«

Das gerundete Philtrum in der Mitte des Palliums unterstreicht zusätzlich die Bereitwilligkeit, zugunsten der atmosphärischen Stimmung Kompromisse einzugehen.

Der Mund ist groß und breit, mit weichen, vollen, fein gezeichneten Lippen. Die Mundwinkel zeigen nach oben: Volle, weiche Lippen zeigen das Bedürfnis, sich in allen Lebenslagen von Gefühlen begleiten zu lassen. Sie sind also ein Mensch, der über ein reiches Gefühlsspektrum verfügt. Dies hilft Ihnen bei der Bewältigung des Lebens, unterstützt und bestätigt Sie in Ihrer Lebensführung. Sie geben Ihren Gefühlen weiten Raum zur Entfaltung: Himmelhoch jauchzend – zu Tode betrübt, so könnte man die ganze Bandbreite Ihrer Gefühle umschreiben. Diese durch den Verstand zu steuern und durch den Willen in kontrolliert enge Grenzen zu setzen, liegt Ihnen fern.

Ein *breiter Mund* zeigt das starke Bedürfnis für den Ausdruck von Worten: Es dürfte Ihnen folglich leicht fallen und Freude machen, zu sprechen.

Die *Mundwinkel*, die in Weichheit *nach oben* gehen, sind Hinweis auf eine positive Grundlebenshaltung. Dies kombinieren Sie mit extrovertierten Lebensgefühlen.

Betrachten Sie Ihre **Oberlippe** im Profil, so fällt auf, dass sie gegenüber der Unterlippe vorsteht und zudem fein geschwungen ist. Dabei muss sie nicht zwangsläufig größer als die Unterlippe sein. Das bedeutet: Ihre eigenen Wünsche gleichen Sie zunächst gern innerlich mit Ihrem Gefühl ab. Erst wenn Ihnen dieses eine klare Rückmeldung gibt, gönnen Sie sich, was Sie möchten – oder auch nicht.

Ein hell leuchtender Schimmer am abgrenzenden Lippenrot der Oberlippe zeichnet Sie als Menschen aus, der sich mit aufmerksamem Gefühl auf sich und andere einlassen kann. So sind Sie in der Lage, feinste nonverbale Botschaften, also das, was zwischen den Zeilen steht, wahrnehmen zu können. Diese Informationen fließen bei Ihrer Meinungsbildung mit ein und beeinflussen dadurch Ihre Auffassungen und Entscheidungen. Sie haben folglich die Gabe, Lebensfragen sehr fein zu prüfen und dabei Ihre eigenen Interessen mit denen Ihres Gegenübers aufmerksam und differenziert über das Gefühl zu erwägen. Nutzen Sie diese Form von Sozialkompetenz, macht Sie das zu einem verträglichen Zeitgenossen, der selbst im Konfliktfall fähig ist, fair zu reagieren.

Die Fülle der Unterlippe ist Synonym für Ihre Philosophie, dass Lebensgenuss aus der Fülle entsteht. Es gibt noch soooo viel Schönes, was nur darauf wartet, erlebt und genossen zu werden.

Der Mund ist leicht geöffnet ... zumindest jedoch entspannt geschlossen. Er signalisiert Ihre Bereitschaft, andere gefühlvoll anzusprechen, sich mitzuteilen – und vor allem, sich selbst ansprechen zu lassen.

Es liegt Ihnen fern, Ihre Gefühle zu zensieren oder zu disziplinieren: Das, was Sie bewegt und was sich aus Ihrem Inneren mitteilen möchte, kann ungehindert nach außen kommen.

Das Kinn ist fein, weich und rundlich: Ihr Handeln wird von weicher, wohl wollender Fürsorglichkeit bestimmt, von der Fähigkeit, sich selbst für die Belange anderer zurückzunehmen. Sie zeigen sich Ihren Mitmenschen weniger in Form von forschem Kräftemessen als durch das Bedürfnis, sich um lieb gewonnene Menschen kümmern zu wollen.

Liegt Ihr **Kinn** – wenn Sie Ihr Gesicht im Profil betrachten – **im Verlauf zur Stirn zurück**, so brauchen Sie etwas länger, bis Sie zur Tat schreiten. Dies zeichnet Sie als einen vorsichtigen, manchmal etwas zögerlichen Menschen aus. Insbesondere gilt dies für alle Handlungen, die Ihnen noch nicht so vertraut sind und ein hohes Maß an Eigeninitiative abverlangen.

Kinngrübchen: Wir sind bei weitem nicht frei und autark in unseren Impulsen, sondern lassen uns von anderen in unserem Tun bewerten: Wir erinnern uns, welche Reaktionen ähnliche Impulse früher ausgelöst haben, welche Gefühle wir dabei hatten und reagieren dabei höchst sensibel auf Wertungen, die unsere eigene Person betreffen.

Dies trifft explizit dann auf Sie zu, wenn sich ein Grübchen an Ihrer Kinnspitze zeigt. Fühlen Sie sich angesprochen, so neigen Sie dazu, sich zurückzuziehen und vorsichtig abzuwarten, bis das Signal »Handlungsbedarf« an Sie herangetragen wird. Es besteht auch eine Neigung, wertneutrale Situationen eher negativ zu bewerten.

Ein Beispiel soll dies verdeutlichen:
In Ihrem Freundeskreis soll eine Party veranstaltet werden. Sie übernehmen zusammen mit einer Freundin die Organisation. Es entsteht ein gelungenes Fest und alle sind offensichtlich zufrieden. Am Rande bekommen Sie mit, dass Ihre Freundin dafür sehr gelobt wird, während Sie selbst leer ausgehen. Spätestens jetzt schrillen bei Ihnen die Alarmglocken! »War meine Leistung ungenügend? Warum sagt niemand, dass meine Leistung gut war? Wahrscheinlich war das, was ich getan habe, nicht einwandfrei!«

Selbstzweifel steigen in Ihnen auf – und das, obwohl weder positive noch negative Kritik an Ihnen und Ihrer Leistung geübt wurde. Da genügt vielleicht schon ein Blick, eine Geste oder ein zweideutig zu verstehendes Wort und Sie fühlen sich davon persönlich berührt.

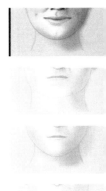

Der Unterkieferbogen hat weiches, feinporiges Gewebe, ist kurz und leicht gespannt: Hindernisse, die sich Ihnen im Leben entgegenstellen, wollen Sie zumeist ruhig und sozialverträglich angehen (*weiches Gewebe*). Sie sind weniger mit kontinuierlicher Ausdauer (*kurz*) und hoher Dynamik (*leicht gespannt*) gesegnet. Ob sich ein kräftezehrender Einsatz Ihrer Energien um jeden Preis lohnt, können Sie bei auftretenden Problemen deshalb jederzeit kompromissbereit entscheiden. Dies schont sowohl Ihre eigenen Ressourcen als auch die Ihrer Mitmenschen. So lassen sich Pläne und Ziele sehr flexibel verfolgen.

GEFÜHL

Stimme Gang Mimik Gestik

Ihre Stimme ist hell, zwitschernd und gut moduliert. Sie wirkt spritzig, schnell und bewegt.

Ihr Gang ist leichtfüßig und beschwingt mit hoch gelagertem Körperschwerpunkt.

Ihre Mimik und Gestik sind lebhaft, schnell und kontrastreich, das Mienenspiel anteilnehmend. Sie suchen auf natürliche Weise mit Ihrer Gestik die körperliche Kontaktaufnahme zum Gegenüber. Ihre Hände sind fein und weich.

All dies zeigt die Stimmigkeit der Energie an, in der Menschen mit viel »Gefühl« schwingen.

Haben Sie ein gutes, großes, weiches Herz, das für alle schlägt, mit denen Sie zu tun haben? Lieben Sie es, mit anderen in Kontakt zu treten, sich mitzuteilen, in Gesellschaft zu sein? Dann stecken Sie voller Gefühl, voller spontaner Lebensfreude, Fantasie und Lebendigkeit. Sie sind unkonventionell, probieren gerne Neues aus und schaffen sich so innere und äußere Erlebniswelten, die nichts zu tun haben mit eingefahrenen Gleisen.

Das gibt Ihnen neue Kraft

An folgenden Punkten können Sie ansetzen, wenn Ihre Akkus leer sind und Sie dringend Energie tanken müssen:

☺ *Alle rein, die Ihnen Nähe, Freundschaft und Verbundenheit geben!*
Eine Freundin hat Ihnen erzählt, dass sie eine Woche im Kloster verbracht hat, wo sie in meditatives Schweigen versank. Nun ist sie angeblich ein ganz neuer Mensch. Schön für Ihre Freundin – aber nicht für Sie, denn Menschen und Begegnung im Austausch sind das Salz in der Suppe Ihres Lebens. Deshalb unser Tipp: Gehen Sie aus, laden Sie ein und lassen Sie Ihre Freunde spüren, wie wichtig sie für Ihr Wohlbefinden sind!

☺ *Alles raus, was keine Miete bezahlt: Dampf ablassen und Gefühle zeigen!*
Kennen auch Sie diese Symptome emotionaler Überforderung? Den Kloß im Hals, die mühsam zurückgehaltenen Tränen oder fest zusammengebissene Zähne? Sie

glauben, es ist nicht angebracht, Dampf abzulassen, wenn die Kinder rotzfrech und unverschämt auf Ihre täglichen Koch- und Kümmer-Frontdienste reagieren. Ihr Chef kritisiert Sie ständig und setzt Sie unter Druck, obwohl Sie fachlich anerkannt kompetenter sind – und Sie meinen, alles schlucken zu müssen. Wir empfehlen Ihnen: Lassen Sie Ihre Wut und Enttäuschung zu, denn dadurch wandeln Sie negative Gefühle in positive Energie um: Sprechen (schimpfen, fluchen, schreien, zetern) Sie aus, was Sie bedrückt, zeigen Sie Ihre Gefühle. Doch Sie sollten sich auch bewusst sein, dass alles, was zerstört wird, auch irgendwann wieder mühsam aufgebaut werden muss. Die Atmosphäre, in der Sie sich bewegen, will nicht vergiftet, sondern geklärt werden.

☺ *Alles paletti: Atmosphäre schaffen und genießen*
Es soll Zeitgenossen geben, die unter »Atmosphäre« die Lufthülle verstehen, welche die Erde umgibt. Höchstwahrscheinlich lautet Ihre Definition anders und hat zu tun mit kuscheligem Wohlfühlen, gemütlichen Winterabenden mit Tee, Keksen und Kerzen oder Spielenachmittagen mit der ganzen Familie. Hier können Sie so richtig ausspannen und Mensch sein: Kultivieren Sie ganz bewusst Ihre individuelle Wohlfühl-Atmosphäre!

Das raubt Ihnen Energie

☹ *Disziplin, Druck und Dranbleiben um jeden Preis*
Eigentlich bewundernswert! Im Fitnessstudio haben Sie gestern mit einer ganz »Gestählten« gesprochen, die Ihnen erzählt hat, dass sie täglich zwei Stunden trainiert, schon seit Jahren. »Ohne Fleiß kein Preis«, hat sie in rügendem Ton doziert, als Sie sich nach gut zwanzig Minuten auf dem Laufband laut gefragt haben, wozu die ganze Schinderei eigentlich gut sein soll. Genau damit haben Sie Recht und lassen diese Art von Training besser bleiben: Auch wenn Sie genügend Kraftreserven haben – Sie gehören nicht zu den eisernen Durchhaltern, den Disziplin- und Prinzipienreitern. Unter Druck und in starre Korsetts gezwängt fehlen Ihnen einfach der Raum für Spontaneität und die Pausen zwischen zwei Terminen.

☺ *Daumenschrauben und dominante Menschen*
Auch Menschen, die Ihnen diese Freiheit nicht lassen können, meiden Sie am besten ebenfalls! Wir denken hier zum Beispiel an Besserwisser, Einschüchterer oder Autoritätspersonen negativer Couleur, die Ihnen ein unangenehmes Gefühl von soeben angelegten Daumenschrauben geben. Dadurch fühlen Sie sich klein und mickrig, weil Sie deren Anforderungen nicht gewachsen zu sein scheinen. Brauchen Sie das wirklich?

☹ *»Ich will alles, und zwar sofort!«: Überforderung und Übertreibung*
Bei aller Kontaktfreude und überschäumender Lebensfreude: Übertreiben Sie es nicht! Spätestens dann, wenn Sie Ihre Wohnung nur noch zum Schlafen oder Duschen betreten und außer dem Schlafzimmer seit längerem keinen anderen Raum mehr von innen gesehen haben, wird es Zeit für eine Ruhepause. Zu viele Leute, Trubel, Kneipen oder Events fordern schnell ihren Tribut: Sorgen Sie deshalb rechtzeitig für einen Ausgleich und halten Sie sich sorgsam in Balance!

Verwirklichungsenergie – REALITÄT

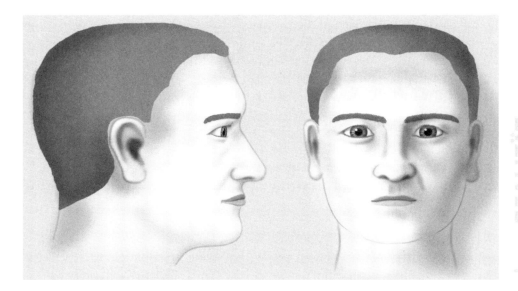

In diesem Kapitel geht es um die Kraft, aus der Verwirklichung folgt und die im Persönlichkeitsanteil REALITÄT vorherrschend wirkt (siehe auch Abbildung in der Buchmitte, Seite II). Stellen Sie sich vor, Sie sind ein Schneeflöckchen und möchten bedeutend werden, gesehen werden. Sie haben großartige Ideen, die nur darauf warten, umgesetzt zu werden – für jedermann sichtbar. Sie möchten sich und Ihre Persönlichkeit also durch äußeres Ansehen und das Demonstrieren Ihrer Größe darstellen.

Für dieses Flöckchen ist zunächst wichtig, dass es zur Flocke wird. Bald darauf formt es sich zum Schneeball, der sich, immer größer werdend, talwärts rollt. Die Bewegung wird zwar langsamer, aber die Masse gewaltiger und damit unübersehbar präsenter. Energetisch gesehen steckt ein enormes Potenzial in dieser masseverdichtenden Energie: Das kleine Schneeflöckchen hat nicht länger das Ziel, zum Mittelpunkt zu werden, es ist bereits der Mittelpunkt geworden und damit Wirkungszentrum für alles, was in seiner Umwelt geschieht. Von diesem Standpunkt aus betrachtet ist es gut beraten, sich alles nutzbar zu machen, was der Erreichung des Zieles dient, zu dem es ursprünglich aufgebrochen ist.

»Verwirklichen« und »realisieren« sind Begriffe, die eng miteinander verknüpft sind. Um einen Plan in die Tat umzusetzen, benötigen wir Energie, damit wir uns einbringen können in die Welt und Dinge entstehen lassen. Rücksichtslos oder in feiner Abstimmung mit anderen – beide Wahlmöglichkeiten stehen uns offen. Es ist eine Frage des begleitenden Gefühls, ob wir uns für das eine oder das andere entscheiden.

Je mehr REALITÄT gelebt wird, desto ruhiger, schwerer und ausdauernder werden Ziele verfolgt. Erdgebundene, nüchterne Massigkeit drängt das Gefühl immer mehr ins Innere zurück: »Harte Schale, weicher Kern«, so weiß es der Volksmund. Scheinbar emotionslos und ohne Pathos, sachlich und nüchtern werden Überlegungen angestellt, im Extremfall eben ohne Rücksicht auf andere.

Hinter dieser Handlungsart steht der Grundgedanke, zunächst die eigene Art zu erhalten. Deshalb macht sich REALITÄT alles zunutze, was diesen Gedanken unterstützt. Sie orientiert sich an der Wirklichkeit, an allem *Greifbaren*. Diese Energie in uns hilft organisatorisch geschickt dabei, die Übersicht zu behalten, instinktsicher den richtigen Hebel anzusetzen.

Zufriedenheit entsteht dann, wenn Bestehendes erhalten, Bewährtes weitergegeben und Erarbeitetes als Kapital *genutzt und gemehrt* werden kann. Funktionalität und greifbar Stoffliches stehen im Vordergrund. Oft führt dies die REALITÄT zu wirtschaftlicher Tüchtigkeit und materiellem Besitz.

---

* Im empfohlenen Werk *Kraftrichtungsordnung* von Werner Glanzmann-Krstin ergibt sich diese Energie aus dem mediomisch-heliodischen Grundkräftecharakter. Die Illustration auf der vorangegangenen Seite zeigt die Reinform dieses Persönlichkeitstyps.

Energetische Form, Bewegung, Mimik/Gestik

REALITÄT bildet runde, füllige, kugelige oder konvex-plastische Formen im Gesicht: Das Hautgewebe wirkt großporig mit rotbrauner Färbung, die bläulich unterlegt ist. Haut und Körperformen können insgesamt sehr fest, prall oder massig sein und dabei auch ledrig wirken. Der Gang von Menschen mit viel REALITÄT hat »Bodenhaftung«, ihre Bewegungen sind getragen.

Mimik und Gestik sind ruhig und gesetzt, die Stimme kräftig.

REALITÄT wirkt sachlich, stofflich, mehrend, nutzorientiert, bodenständig, ansammelnd, rational, männlich, bewahrend ...

Motivation & Psychogramm

Courage ist gut, aber Ausdauer ist besser
Theodor Fontane

Menschen mit deutlichen Realitäts-Facetten zeichnen sich aus durch eine gesunde Mischung zwischen Ernsthaftigkeit, Instinkt und Robustheit. Dadurch wirken sie gleichermaßen in sich ruhend, authentisch und kraftvoll. Nach dem Motto »Ich bleibe mir selbst treu« sind ihnen Verstellung und Konventionen in steifem Rahmen ein Gräuel. Ihr Leben gewinnt durch Ausdauer und ein natürliches Selbstbewusstsein in Kombination mit Ruhephasen an Tiefe und Fülle.

Die volle Entfaltung wird erreicht, wenn die Atmosphäre in ihrem Umfeld durch einen pragmatischen, unproblematischen Umgang miteinander geprägt ist und dabei herzliche, menschliche Verbindungen entstehen. Sie stehen mit beiden Beinen fest im Leben, handeln tatkräftig und denken meist gesellschaftskonform, denn die Gesellschaft bietet Schutz und Sicherheit für den Einzelnen *und* die Gemeinschaft.

Auf der weniger entwickelten Seite finden sich hier Menschen, die ökonomisch den Einsatz von Energien und Mitteln überprüfen, damit sich eine für sie angemessene Kosten-Nutzen-Relation ergibt, was sie berechnend erscheinen lassen kann. Ein rein idealistisches oder kulturell orientiertes Arbeiten im Non-Profit-Bereich geben ihnen somit schnell das Gefühl, ihre Ressourcen ohne angemessenen Benefit vergeudet zu haben. Allzu instinkthaftes, auch »ungehobeltes« Verhalten an der Grenze zur Nachlässigkeit können leicht verhindern, dass Personen mit hohen Realitätsmerkmalen in repräsentative Positionen aufsteigen. Eine differenzierte Feinheit und qualitatives Unterscheidungsvermögen lassen sie manchmal derb und plump wirken.

Leben und Bewegung im Gesicht entsteht bei REALITÄT dort, wo Umsetzungsbereitschaft und materielle Lebensinteressen sichtbar sind (Untergesicht, Nasenspitze, Ohrläppchen).

Stirn: In der proportionalen Dreiteilung ist Ihre Stirn eher breit und niedrig. Das untere Stirndrittel über den Augen ist – im Gesichtsprofil betrachtet – am ausgeprägtesten. Sie haben also eine **betonte Unterstirn:** Dies deutet darauf hin, dass Sie über einen sehr gut entwickelten naturwissenschaftlich-technischen Verstand verfügen. Sie besitzen die Fähigkeit, Details exakt zu erfassen und aus dem Gedächtnis wiederzugeben. Sie lassen sich in Ihrer Art des Denkens davon leiten, was realistisch, naturwissenschaftlich überprüfbar, technisch konstruierbar oder, zum Beispiel im sozialen Umgang mit Menschen, für Sie nachvollziehbar ist. Dabei berücksichtigen Sie eine Fülle von Faktoren, um anschließend eine praktische, machbare Lösung herbeizuführen.

Stirnbreite: Sie denken analytisch-rational und sind deshalb bestrebt, die zur Problemlösung offensichtlich verfügbaren Menschen und Werkzeuge effizient, geschickt und bestens organisiert einzubinden. Sie behalten selbst bei komplexen, technisch beobachtbaren Vorgängen die nötige gedankliche Übersicht. Sie gehen dabei nach der Devise »wenn ... dann« und »entweder ... oder« vor.

Einer fachlichen und sachlichen Sichtweise geben Sie gerne den Vorzug. In Ihrer pragmatischen Art lieben Sie einfache Lösungen für die Praxis, die sich aus der logischen Konsequenz des Beobachteten ergeben. Dieses *digitale Denken* zeichnet Sie auch in Ihrem Umgang mit anderen aus.

Weit auseinander stehende, mandelförmig geschlitzte Augen: Sie haben eine breit gefächerte, aufnehmende Betrachtungs- und Sichtweise, sind vielseitig interessiert und können sich auf viele verschiedene Themen einlassen (*weit auseinander stehend*).

Nach dem analytischen Aufnehmen des Tatbestandes (*mandelförmig geschlitzt*), suchen Sie dann das Naheliegende und gehen dabei pragmatisch vor. Ihr Filter zur Erlangung einer gedanklichen Ausrichtung ist das Erkennen der Essenz, der Durchblick: Wichtig ist, was gemeint war. Das ist es, was Sie wirklich weiter bringt!

Im Anschluss daran beziehen Sie in Ihre eigene Sichtweise viele zusätzliche Gesichtspunkte mit ein, denn Sie wollen einen Sachverhalt auf unterschiedlichste Weise beleuchten. Erklären Sie einen Sachverhalt, so werden deshalb viele Schattierungen rund um die Kernaussage mitgeliefert, ohne den Anschluss an das Wesentliche zu verlieren. »Alles ist eine Frage des Blickwinkels und der sich daraus ergebenden Möglichkeiten« – so könnte Ihre Devise lauten.

Pupillenstellung »auf der Achse«: Würde man zwischen dem inneren und dem äußeren Augenwinkel eine Linie ziehen, dann steht Ihre Pupille in der Mitte dieser Linie. Diese Stellung betont einmal mehr Ihre realistische, zielgerichtete Art, Ihre Umwelt wahrzunehmen: Die Welt ist so, wie sie eben ist, und nicht, wie sie einmal war – oder sein könnte. Sie sind zwar durchaus bereit, die Gedanken anderer aufzunehmen und zuzuhören, stellen dabei aber immer einen Bezug zur Wirklichkeit her.

Die Ausrichtung Ihrer Gedanken ist also realistisch und pragmatisch. Übergeordnete Ideale sind für Sie nur dann sinnvoll, wenn Ihre Grundbedürfnisse darin den ihnen gebührenden Platz einnehmen können. Sie erhalten Ideale deshalb nicht unter großen Opfern aufrecht, sondern beurteilen sie auf Machbarkeit und nach den momentanen Umständen.

Das Unterlid ist kräftig, wirkt gut gepolstert: Sie haben die Fähigkeit, körperliche Strapazen gut auszuhalten und dabei die Ruhe zu bewahren, denn Sie schöpfen aus einem gut gefüllten Energietank.

Hat das Gewebe an dieser Stelle jedoch nicht diese »Polsterung«, dann ist der Mensch körperlich erschöpft. Er wirkt nicht nur kraftlos, sondern auch unruhig und fahrig. So können leicht Fehler passieren, zum Beispiel bei motorischen oder in geistigen Handlungsabläufen. Der Volksmund drückt es dann so aus: »Er steht zurzeit nicht in seiner vollen Kraft ...« Aus diesem Zustand, zu dem sich dann Fehler addieren, gesellen sich häufig Selbstvorwürfe. »Wie konnte mir das nur passieren ...!« Haben Sie einen solchen Teufelskreis schon erlebt? Sind Ihre unteren Augenlider stark gerötet? Dann achten Sie auf Pausen und gönnen Sie Ihrem Körper die Regenerationszeit, die er jetzt braucht.

Die **Nase** nimmt in der proportionalen Dreiteilung des Gesichts **ein Drittel der Gesamtlänge** in Anspruch. Ihr Bedürfnis, im richtigen Moment die Planungsphase hinter sich zu lassen und an die Verwirklichung zu gehen, ist sicher eine Ihrer großen Stärken. Sie kommen sehr selten in die Gefahr, sich in theoretischen Planungsdetails mit viel »Wenn-und-Aber« zu verlieren.

Die Breite der Nasenwurzel zeigt an, wie viele Informationen Sie gleichzeitig aufnehmen können. Leuchtendes Hautgewebe im Bereich der Nasenwurzel zeigt das Streben nach bewusster Entwicklung an – vielleicht einer der wesentlichsten Unterschiede zwischen Mensch und Tier.

Motivation & Psychogramm

Persönlichkeitsanteil Gefühl – geformt aus der Gefühlsenergie

Reinzeichnung nach dem Merkmalsprotokoll auf Seite IV-VII

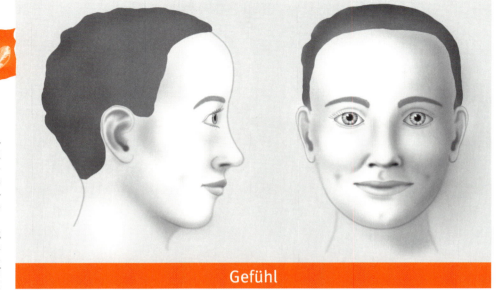

Gefühl

Persönlichkeitsanteil Realität – geformt aus der Verwirklichungsenergie

Reinzeichnung nach dem Merkmalsprotokoll auf Seite IV-VII

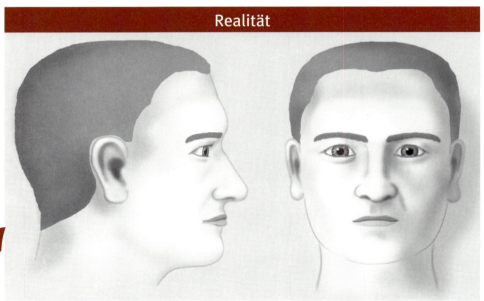

Realität

FACE READING III

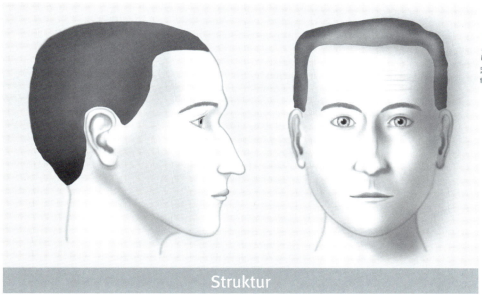

Struktur

Persönlich-
keitsanteil
Struktur –
geformt aus
der Verstandes-
energie

Reinzeichnung
nach dem
Merkmals-
protokoll auf
Seite IV-VII

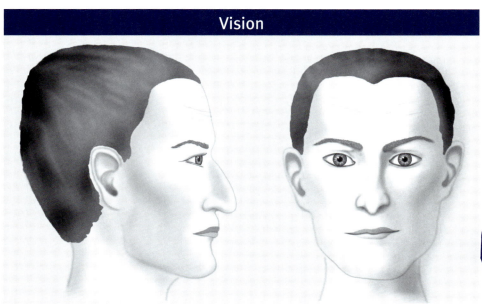

Vision

Persönlich-
keitsanteil
Vision –
geformt aus
der Verände-
rungsenergie

Reinzeichnung
nach dem
Merkmals-
protokoll auf
Seite IV-VII

IV FACE READING

Merkmalsprotokoll

Areale	Gefühl	Seite	Realität	Seite
Stirn	❏ betonte Oberstirn	64	❏ betonte Unterstirn ❏ breite Unterstirn	79 79
Augen	❏ groß und gerundet ❏ vortretende Augen ❏ Pupillenstellung über der Achse ❏ weicher Augenausdruck	64 64 64 64	❏ mandelförmig geschlitzt ❏ Pupillenstellung auf der Achse ❏ Weit stehende Augen ❏ betontes unteres Augenlid	79 80 79 80
Nase	❏ gerader Übergang der Nasenwurzel zur Stirn ❏ weiches Hautgewebe ❏ konkaver Nasenrücken ❏ konkaver Knochen-Knorpel-Übergang ❏ kürzer als 1/3 der Gesichtslänge ❏ kräftig modell. Nasenflügel	66 65 65 65 65 66	 ❏ gerader Knochen-Knorpel-Übergang ❏ 1/3 der Gesichtslänge ❏ betonte Nasenspitze ❏ breite Nasenwurzel ❏ breiter Nasenrücken	 81 80 81 80 81
Mittelgesicht	❏ weich ❏ hervortretend ❏ flächig, feinporig-rosig ❏ seitlich betonte Jochbeine mit weichem Gewebe ❏ Wangengrübchen	66 66 66 67 67	❏ etwas Spannung ❏ leicht betont ❏ flächig-grobporig	81 81 81
Ohren	❏ mittleres Ohrdrittel betont ❏ weich ❏ helle Ohren ❏ innere Ohrleiste gegenüber der äußeren vortretend	68 68 68 67	❏ unteres Ohrdrittel betont ❏ rotbläulich-braune Ohren ❏ nicht angewachsene Ohrläppchen ❏ kräftiger äußerer Ohrrand	82 82 82 83

Struktur	Seite	Vision	Seite
❏ betonte Oberstirnecken	91	❏ Haaransatz mittig spitz	105
❏ kleine Augen	92	❏ schräg nach oben angesetzte Augen	105
❏ tief liegende Augen	92		
❏ eng stehende Augen	92		
❏ klare Augen	92		
❏ wenig bewegte Augen	92	❏ rasch bewegte enge Augen	106
❏ eingebuchteter Übergang der Nasenwurzel zur Stirn	93		
❏ gespanntes Hautgewebe	93	❏ konvexer Nasenrücken	106
		❏ konvexer Knochen-Knorpel-Übergang	107
❏ länger als ⅓ der Gesichtslänge	94		
❏ flache Nasenflügel	94		
❏ nach unten weisende Nasenspitze	94		
❏ schmale Nasenwurzel	93		
❏ schmaler Nasenrücken	92		
❏ gerader Nasenrücken	93	❏ schiefer o. krummer Nasenrücken	106
❏ gespannt	94	❏ gerötet	108
❏ flach	94	❏ eingefallen	107
❏ schmal und weniger flächig	94		
		❏ nach vorne betonte Jochbeine mit gespanntem Gewebe	108
❏ oberes Ohrdrittel betont	95		
❏ gespannt	96		
		❏ gerötete Ohren	109
❏ anliegend	96	❏ abstehend	108
❏ innere Ohrleiste gegenüber der äußeren zurücktretend	95		
		❏ angewachsene Ohrläppchen	110
		❏ spitzer äußerer Ohrrand	109
❏ große, längliche Ohren	95	❏ ungleich groß	109
		❏ ungleich hoch angesetzt	109

VI FACE READING

Areale	Gefühl	Seite	Realität	Seite
Pallium	❏ konkav	69		
	❏ kurz	69	❏ ausgewogen in der Länge	83
	❏ weich	69		
	❏ gerundetes Philtrum	69	❏ breit modelliertes Philtrum	83
	❏ feinporig	69	❏ grobporig	83
Mund	❏ breiter Mund	69	❏ ausgewogene Mundbreite	83
	❏ Oberlippe v.d. Unterlippe	69	❏ Unterlippe v.d. Oberlippe	84
	❏ weiche	70	❏ feste Lippen	83
	❏ füllige Lippen	69		
	❏ nach oben tendierende Mundwinkel	69		
	❏ Oberlippenrand hell leuchtend	70		
			❏ wenig differenz. Oberlippenkontur	83
	❏ leicht geöffneter Mundschluss	70		
	❏ weiche, füllige Unterlippe	70		
Kinn	❏ im Profil zurückliegend	70	❏ im Profil ausgewogen	84
	❏ weiches Gewebe	70	❏ füllig-festes Gewebe	84
	❏ fein gerundet	70	❏ ansatzweise kantig	84
	❏ Kinngrübchen	70		
Unterkiefer	❏ weiches Gewebe	71		
	❏ latent sichtbar	71	❏ betont massig	84
	❏ kurzer Unterkieferbogen	71		
			❏ symmetrisch kantig	85

Struktur	Seite	Vision	Seite
❏ gerade	96	❏ konvex	110
❏ langes Pallium	96		
❏ gespannt	96	❏ gerötet	111
❏ schmales Philtrum	96	❏ kein Philtrum	110
❏ geschrägter Überg. z. Nasenst.	96		
❏ schmaler Mund	96	❏ schräg angesetzter Mund	111
❏ gespannte Lippen	97	❏ unterschiedl. breite Lippen	111
❏ schmale Lippen	97		
		❏ Mundwinkel spitz nach oben	111
❏ im Profil nach unten weisend	97	❏ im Profil vorspringend	111
❏ gespanntes Gewebe	98	❏ gerötetes Gewebe	112
		❏ asymmetrisch	112
❏ gespanntes Hautgewebe	98		
❏ langer Unterkieferbogen	98		
		❏ asymmetrisch kantig	112

So entdecken Sie Ihren Persönlichkeitstyp: Sie benötigen einen Spiegel, gute Beleuchtung (möglichst Tageslicht!) und einen Stift. Betrachten Sie sich nun aufmerksam und kreuzen Sie auf dem Merkmalsprotokoll das Zutreffende an. Ihre Beobachtungen können Sie dann mit den Beschreibungen auf den angegebenen Seiten vergleichen. Wenn Sie möchten, erstellen Sie sich zusätzlich mithilfe der Grafik »Motivation und Psychogramm« ein individuelles graphisches Profil (mehr dazu auf Seite 21 f.).

Circle of Life – Das Rad des Lebens

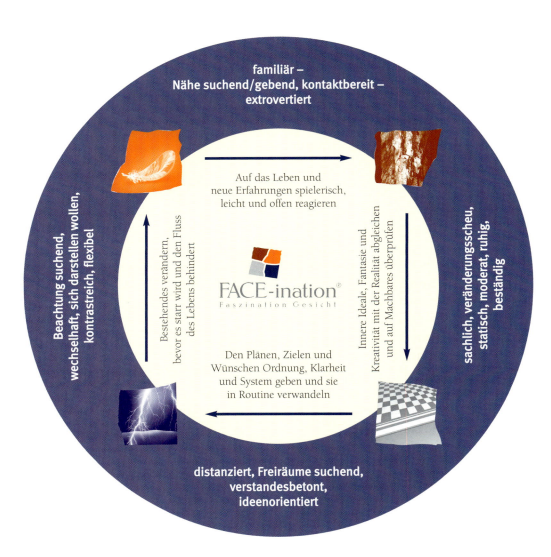

Breiter Nasenrücken: Ihr Knochenbau ist in seiner Struktur kräftig angelegt. Auch durch schwere körperliche Arbeit über einen längeren Zeitraum wird sich kaum Überlastung zeigen.

Gerader Übergang zwischen Knochen und Knorpel: Nehmen Sie sich etwas vor, dann geben Sie den Gefühlen anderer Menschen, aber auch Ihren eigenen, darin wenig Raum zur Entfaltung. Sie können das, was geplant und entschieden werden soll, gut rationalisieren. Deshalb reagieren Sie dann für den Moment aus kühler Überlegung heraus und nehmen Ihre Gefühle zurück, denn sie sollen jetzt keinen Einfluss auf Ihre Entscheidungen haben! Sind Ihre Lippen jedoch weich, so holt Sie Ihr Gefühl spätestens dann ein, wenn Sie zur Tat schreiten. Nun erst merken Sie, was Ihr Tun bei Ihnen selbst und bei den anderen emotional ausgelöst hat.

Betonte Nasenspitze: Sie haben das Talent, noch während der Planungsphase aus dem Bauch heraus instinktiv den richtigen Ansatzpunkt für das weitere Handeln zu finden. Diese natürliche Grundveranlagung setzen Sie sehr ökonomisch ein und vermeiden damit überflüssige Erfahrungen durch Versuch und Irrtum oder Zeit raubende Überlegungen. Oft wagen Sie einfach den praktischen Versuch und freuen sich hinterher, dass Sie den »richtigen Riecher« hatten. Werden Sie nachher nach den Gründen für Ihr Handeln gefragt, dann bleibt Ihnen häufig nur die Aussage: »Ich habe aus dem Bauch heraus so entschieden«.

In Ihrer inneren Statistik leitet sich daraus ein brillantes Erfolgsgeheimnis ab, das Ihnen im Leben eine verlässliche Stütze ist. Nach dem Motto »Immer der Nase nach ...« können Sie sich so eine zuverlässige, wirkungsvolle Orientierung im Leben verschaffen.

Ihr Mittelgesicht ist leicht betont, flächig, mit gröberem Hautgewebe und etwas Spannung: Der Sozialkontakt zu anderen Menschen ist Ihnen wichtig, jedoch nicht um jeden Preis (*leicht betont*). So können Sie, wenn nötig, den Kontakt mit dem Gegenüber auch ganz rasch rationalisieren (*gröberes Hautgewebe*) und sich distanzieren (*etwas Spannung*), um gefühlsmäßig Abstand zu gewinnen.

Sie sind außerdem an vielen Kontakten interessiert. Die Flächigkeit des Mittelgesichts zeigt, dass Sie Ihre Sozialbeziehungen gesellig pflegen, ohne dabei auf den Grund jeder Seele schauen zu müssen. Eine grobporige Hautstruktur ist in diesem Zusammenhang durchaus wünschenswert, denn sie ist ein Zeichen dafür, dass Sie über einen natürlichen Schutzmantel vor Überreizung verfügen, die bei vielen Sozialkontakten und einer erhöhten Sensibilität rasch entstehen würde. »Ist dieser Kontakt, diese Beziehung, überhaupt noch sinnvoll – bringt sie mir noch etwas?« Sie sind durchaus in der Lage, sich Fragen dieser Art zu stellen und sie zu bewerten. Bei einem Nein ziehen Sie sich der Sache wegen zurück.

Ohren: Ist Ihr Ohr **rotbraun und dabei bläulich unterlegt**, verfügen Sie über ein hohes Maß an nutzorientiertem Empfinden. Dies ist immer dann kritisch zu sehen, wenn dadurch auf beschneidende Weise der eigene Vorteil zu Lasten des Mitmenschen gesucht wird. Sie stellen sich also im Grunde Ihres Herzens immer die Frage, ob ein konkreter Nutzen hinter dem steht, wozu Sie sich aufgefordert fühlen. So können Sie hervorragend für sich entscheiden, was Ihnen der Moment einbringt und inwieweit Sie bereit sind, sich zugunsten anderer einzulassen und sich zurückzunehmen.

Das Ohrläppchen ist betont und gefüllt: Sie können sich grundsätzlich sehr rasch regenerieren. Nach Schlafentzug, Nahrungsmangel, körperlichen Strapazen oder Krankheit haben Sie in kürzester Zeit neue Spannkraft und sind wieder fit, vital und belastbar.

Sie haben außerdem – aus einem seelischen Antrieb heraus – ein hohes materielles Sicherheitsbedürfnis; eine gesunde, wirtschaftlich gesicherte Basis stellt für Sie die Grundvoraussetzung zur Lebensentfaltung dar. Hier »auf Nummer sicher« zu gehen, ist Ihnen ein Bedürfnis. Sie möchten immer Reserven auf der hohen Kante haben; ist das Polster zu knapp, dann suchen Sie nach geeigneten Mitteln, um die Depots wieder zu füllen: Was Sie anfassen, soll bestehen bleiben (*dann Ohrläppchen anliegend*) oder sich mehren, wachsen und gedeihen (*dann abstehend*).

Nicht angewachsene Ohrläppchen: »Spontanität will wohl überlegt sein!« So könnte man die Grundhaltung von Menschen beschreiben, deren Ohrläppchen nicht angewachsen sind. Unüberlegte Handlungen aus seelischem Antrieb heraus sind ihnen fremd. Dadurch ist eine ruhige, geordnete Zeit- und Terminplanung möglich. Danach – zur rechten Zeit und am richtigen Ort – ist auch noch Platz für Spontanität!

Die Helix ist kräftig: Ist Ihr äußerer Ohrrand von hinten betrachtet kräftig, dann weist dies auf ein betontes Selbstsicherheitsgefühl hin, von dem Sie sich durchs Leben getragen fühlen, das Ihnen Halt und Festigkeit gibt.

Ihr Pallium ist grobporig. Seine Länge wirkt eher ausgewogen. Von vorne gesehen haben Sie ein breit modelliertes Philtrum: Sie wollen Ihre eigenen Interessen sachlich in den Vordergrund stellen (*grobporig*). Dabei wird über das *breite Philtrum* die Möglichkeit zum Kompromiss mit dem Gegenüber deutlich. Ihre Kompromissfähigkeit nimmt immer dann deutlich zu, wenn es um Ihre Familie geht oder um eine Gruppe, deren Teil Sie sind und die Ihnen auch deshalb etwas bedeutet. Dann nehmen Sie sich zugunsten der anderen gern zurück, wenn diese dafür weiterkommen. Indirekt sind dadurch auch Ihre Belange gewährleistet.

Sie sind also durchaus bereit, Ihre eigenen Interessen zurückzustellen, wenn diese konträr zu denen anderer stehen. Verträgliche, faire Lösungen sind Ihnen ein Bedürfnis – was nicht bedeutet, dass Sie dabei Ihre Interessen rasch aus den Augen verlieren (*Länge des Palliums*).

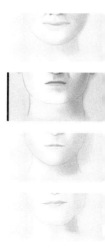

Der Mund ist ausgewogen in der Breite und zeigt damit an, dass Sie Wünsche und alles, was Ihnen begehrenswert erscheint, auf das für Sie Wesentliche und Nützliche konzentrieren können. Sie beziehen Stellung, wenn etwas gesagt werden muss. Dann jedoch ergreifen und erheben Sie Ihre Stimme entschieden und bestimmt.

Die Lippen wirken fest: Die Lippen sind Anzeiger für unser Kommunikationsbedürfnis mit anderen. Sie zeigen außerdem, in welchem Dialog wir mit uns selbst stehen. Bei Ihnen besteht weder ein ausgeprägtes Sprechbedürfnis noch ein starker Drang, sich innerlich zu erforschen, also in einen seelischen Dialog mit sich selbst einzutreten, um Ihrem eigenen Fühlen auf den Grund zu gehen und in die Tiefen Ihrer Seele zu blicken.

Wenig oder keine Differenzierung in der Oberlippenkontur: Zu Ihren persönlichen Bedürfnissen nehmen Sie eher eine nüchterne, real-sinnliche und formale Grundhaltung ein. Das bedeutet in diesem Zusammenhang, dass der Nutzen einer Sache vor Ästhetik und Qualität geht: Bevor Sie einen roten Apfel, der aus einem Bilderbuch stammen könnte, schön finden, fragen Sie sich, ob Sie ihn essen können und was er kostet.

Sie können sachlich bleiben und werden deshalb gerne zurate gezogen, wenn es um die praktische Umsetzung von Wünschen und Plänen geht, die auf ihre Machbarkeit hin überprüft werden müssen und die hinterher in erster Linie funktionieren sollen.

Die Unterlippe ist in der festen Fülle betont. Im Profil betrachtet *dominiert* sie gegenüber der Oberlippe. Wenn Sie sich schon einmal etwas gönnen, dann möchten Sie sich Ihre Wünsche zuerst einmal erfüllen; danach prüfen Sie über Ihr Gefühl, wie es Ihnen damit geht.

Das Kinn ist füllig, wirkt fest und grobporig. Dabei ist es ansatzweise kantig und steht – vom Profil betrachtet – in einem ausgewogenen Verhältnis zur Stirn: Sie wollen sich im Leben behaupten und wissen, wo Sie stehen. Außerdem haben Sie ein starkes Gefühl für Ihre eigene Kraft und wollen sich messen – dabei geht es Ihnen jedoch nicht um die Frage »Wer ist der Stärkere?«, sondern darum, Ihren eigenen Platz zu finden. Sie geben Ihr Bestes und scheuen nicht vor großem körperlichen Einsatz zurück (*ansatzweise kantig*).

Für Menschen, die Sie schätzen und lieben, auch zum Wohl der Gemeinschaft sind Sie bereit, sich vorbildlich ins Zeug zu legen.

Das füllig gepolsterte Kinn mit dem festen Gewebe vermittelt gleichzeitig sehr bildlich eine *»schaumgebremste«* Lebhaftigkeit: Der Anstoß zu einer Handlung kommt zwar dynamisch, aber nicht im Sinne von schnell, sondern eher im Sinne von ruhiger Beharrlichkeit. Sie gehen kraftvoll und ausdauernd vor, wenn es darum geht, Prozesse in Gang zu bringen.

Dabei müssen Sie sich nicht vordrängen (*im Profil ausgewogen*) und Ihre Leistungsbereitschaft demonstrieren. Halten Sie Herausforderungen – sportliche, körperliche oder geistige – für sinnvoll, dann nehmen Sie sie gerne an und schreiten zur Tat.

Der Unterkieferbogen ist betont massig, leicht füllig, evtl. kantig: Hindernisse, die sich Ihnen im Leben entgegenstellen, überwinden Sie mit ruhiger Beharrlichkeit. Sie können ausdauernd bei der Umsetzung von Plänen und Zielen sein und entscheiden, ob Aufwand und Nutzen in einem angemessenen Verhältnis zueinander stehen. Sie lassen sich bei Widrigkeiten nicht aus der Ruhe bringen, sondern setzen Ihren Weg zum Ziel kontinuierlich fort und legen dabei eine kraftvolle, beständig-dynamische Zielstrebigkeit an den Tag:

»Das Gras wächst auch nicht schneller, wenn man dran zieht«, könnte Ihre Devise lauten.

Wirkt Ihr Unterkiefer dabei *kantig*, so kommt eine gewisse »Zielfixierung« mit ins Spiel – und Sie lassen sich nicht von dem einmal eingeschlagenen Weg abbringen: »Da war ein Stein und ich ging um ihn herum, und egal wie viele Steine es sind, ich werde stets einen Weg finden.«

REALITÄT

Körper Stimme Bewegung

Der *Gang* ist getragen und bodenständig, langsam mit kräftigen Schritten, so wird die Erde »in Besitz genommen«.

Über Ihre kräftigen Beine wirken Sie geerdet und stabil und vermitteln auch nonverbal, dass Sie »zu sich stehen, etwas durchstehen, einen festen Stand haben, Schritte tun, Ihren Weg gehen«. Die Knie sind im Stand durchgedrückt, die Hüfte nach vorne geschoben, wodurch die Festigkeit des eigenen Standpunktes unterstrichen werden soll: Ein meistens tief gelagerter Körperschwerpunkt betont dies auf bildliche Weise.

Die *Stimme* ist ruhig, getragen, wenig moduliert. Sie hat einen beruhigenden Charakter, strahlt Beständigkeit und Verlässlichkeit aus.

Stehen Sie mit beiden Beinen auf dem Boden der Tatsachen? Hat man Ihnen schon oft gesagt, Sie seien ein Mensch, der im Hier und Jetzt lebt, der Beständigkeit ausstrahlt? Sind Sie überzeugt davon, dass *Handeln* von »Hand« kommt – und nicht von »Mund«? Dann haben Sie vermutlich sehr viel REALITÄT! Ihre ruhige, verlässliche Art lässt Sie lebensnah, praktisch und sachlich wirken, in Ihrer Nähe fühlt man sich sicher und gut aufgehoben. Sie setzen auf Tatkraft, nicht auf Einbildungskraft, denn damit schaffen Sie Realitäten, die Sie im Leben weiterbringen.

Das gibt Ihnen neue Kraft

Wenn Ihr Energietank auf Null steht, dann füllen Sie ihn am besten mit folgendem Treibstoff wieder auf:

☺ *Alles im grünen Bereich! Ein Hauch von »Natur pur«*
Selbst die Mittagspause können Sie nutzen, um Bodenkontakt herzustellen: Spazieren gehen im Park oder Gärtnern sind ein absoluter Gewinn für Sie – und Frischluft sorgt für einen klaren Kopf, der Sie den nächsten Besprechungsmarathon problemlos überstehen lässt!

☺ *Kraft tanken in der Familie*
»Cocooning« – Rückzug in die Familie mit allem, was dazugehört: Gemütlichkeit unter Freunden, Besuche bei Verwandten und Eltern, Kinder als Brückenschlag zwischen den Generationen ... Für Sie eine gute Möglichkeit, um sich zu verwirklichen, scheinbar altmodische, traditionelle Werte wie »Familie« und »Zuhause« wieder aufleben zu lassen.

☺ *Aber bitte ganz locker: Weg mit Zwängen jeder Art!*
Sie kennen dieses Gefühl von Unbehagen, das sich in Ihrer Magengrube breit macht und bewirkt, dass sich Ihre Nackenhaare aufstellen. Meistens beschleicht es Sie, wenn Sie sich in einem steifen, konventionellen Rahmen bewegen müssen oder mit Menschen zu tun haben, die auf Sie künstlich und geziert wirken. Das Leben ist kurz – zu kurz jedenfalls, um es in Umständen oder mit Menschen zu verbringen, die Ihnen nichts geben außer dem Gefühl, am falschen Ort zu sein. Deshalb unser Vorschlag: Tun Sie sich keinen Zwang an und umgeben Sie sich am besten mit unkomplizierten, lockeren Zeitgenossen, die sich in Jeans und Pulli wohler fühlen als in Designerklamotten, die lieber mit Ihnen am Lagerfeuer sitzen, als in schrille Theaterinszenierungen zu gehen.

Das raubt Ihnen Energie

☹ *Zögerer und unentschlossene Zeitgenossen*
Sie haben viel Kraft, strahlen Dynamik und Aktivität aus. Damit laden Sie wahrscheinlich öfter Menschen in Ihr Leben ein, denen so einiges unklar ist: was und

wohin sie wollen, warum und wozu sie unter Umständen sollen, wo und wann es vielleicht stattfindet. Dieses ewige Hin und Her macht Sie mürbe und ungeduldig, denn Sie sind es gewohnt, Aufgaben anzupacken und sich zügig zu entscheiden. Also: Loslassen – und Zauderer alleine zu Entscheidungen kommen lassen!

☹ *Grau, mein Freund, ist jede Theorie ...*
Wer kennt sie nicht – Mitmenschen der Sorte »Bedenkenträger«. Sie nisten sich überall dort ein, wo Sie als Praktiker in die Umsetzung gehen wollen und ihr bevorzugter Satz lautet: »Ja aber – haben Sie wirklich alles bedacht?« Dabei wollen Sie doch nur eines: lösungsorientiert handeln, präzise und Schritt für Schritt weiterkommen. Sobald Sachverhalte kompliziert geredet werden und sich endlos hinziehen, verlieren Sie die Lust, denn mit kleinkarierten Detailverliebtheiten möchten Sie sich nicht aufhalten. Am besten umgehen Sie solche Hindernisse, indem Sie nicht viel reden, sondern tun, was ansteht – und den Gegenbeweis durch Machbarkeit antreten!

☹ *Rastlosigkeit und fehlende Ruhepausen*
Sie sind es gewohnt, immer auf Trab zu sein und oft bis an Ihre Grenzen zu gehen. Auf Dauer macht Sie das müde und schlapp. Legen Sie bewusst Ruhepausen ein, in denen Sie nichts tun, sondern den lieben Gott einen guten Mann sein lassen! Erkunden Sie die Natur einmal mit Ihren Sinnen, nicht beim Rasenmähen – oder halten Sie ein Nickerchen, obwohl ein spannendes Buch zum Lesen einlädt und die Wohnung »Putz mich« ruft!

Verstandesenergie – STRUKTUR

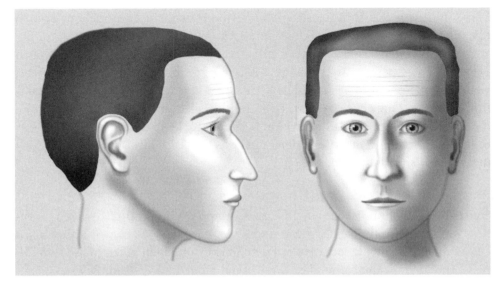

In diesem Kapitel geht es um die Kraft, die aus dem Willen des Verstandes kommt und die im Persönlichkeitsanteil STRUKTUR vorherrschend wirkt (siehe auch Abbildung in der Buchmitte, Seite III). Der Verstand des Menschen will Informationen und Gedanken bewusst ordnen. Durch die Ansammlung von Informationen und die aus der Informationsdichte gewonnene Klarheit gelangt er mithilfe seines Intellekts zur Einsicht in Zusammenhänge.

Als *verstandesorientiert* bezeichnen wir einen Menschen immer dann, wenn er sich bei seinen Denkvorgängen und Handlungen nicht von Gefühlen leiten lässt, sondern die klaren Erkenntnisse seines Geistes zur Entscheidungsfindung vorzieht. Dies gibt ihm die nötige Sicherheit. Mit der Kraft des Willens Entschlüsse zu fassen und sie durchzusetzen, sich *konzentriert* auf etwas einzulassen in der

Absicht, einem Plan zu folgen und ein Ziel zu erreichen – dies sind die Vorzüge der Verstandesenergie.

Es handelt sich um eine Kraft in uns, die über ein sensibles Wahrnehmen von Unterschieden *Klarheit* findet. Je feiner Unterschiede wahrgenommen werden, desto mehr addiert sich zu einem kühlen, digital arbeitenden Intellekt das Gefühl. Soll es zu einer Entscheidung kommen, so werden die Dinge oft schwierig, denn selbst feinste Nuancierungen wollen berücksichtigt werden.

Die Stärke, Klarheit und Festigkeit, die von STRUKTUR ausgeht, führt dazu, sich intellektuell und sachlich-kühl abzugrenzen. Ganz klar wird unterschieden: »Hier stehe ich – dort bist du.« Dies geschieht durchaus im Einklang mit den Bedürfnissen des Gegenübers, denn diese Kraft erkennt auch, dass jeder Versuch eines Einzelnen, für sich allein zu lösen, was alle angeht, scheitern muss. Aus dieser geistig reflektierten Erkenntnis entstehen Wertschätzung und Wohlwollen für das Gegenüber.

STRUKTUR lässt uns energisch, willensstark im Auftritt, entschieden und bestimmt wirken. In der Art ihrer Bewegung vermitteln Menschen mit vielen Verstandesanteilen einen eleganten Eindruck, insgesamt wirken sie *distanziert, kontrolliert* und gespannt.

Energetische Form, Bewegung, Mimik/Gestik

STRUKTUR bildet gespannte, glatte und straffe Formen sowie Längsformen im Gesicht: Das Hautgewebe wirkt leuchtend. Dabei ist die Muskulatur gespannt und auch im Körperbau können wir durchaus die Betonung der Längsform vorfinden. Der Gang von Menschen mit viel STRUKTUR ist fest, bestimmt und aufrecht, ihre Bewegungen elegant und durchaus anmutig.

Mimik und Gestik sind angemessen-gedämpft, die Stimme moderat und kultiviert.

STRUKTUR wirkt fest, bestimmt, kühl, willensorientiert, organisiert, strukturiert, geordnet, diszipliniert, dynamisch, verstandesorientiert, differenziert ...

---

* Im empfohlenen Werk *Kraftrichtungsordnung* von Werner Glanzmann-Krstin ergibt sich diese Energie aus dem magnetisch-heliodischen Grundkräftecharakter. Die Illustration auf der nebenstehenden Seite zeigt die Reinform dieses Persönlichkeitstyps.

Motivation & Psychogramm

Vernunft ist die sanfte Gewalt, die allem,
und selbst der Gewalt, Grenze und Maß setzt.
Karl Jaspers

Menschen mit dominanten Struktur-Anteilen sind stark verstandesorientiert und verstehen es wie niemand sonst, um der Sache willen ihre Gefühle zurückzustellen. Folglich sind ihre Lebensenergien auf ein reiches, wendiges Denk- und Geistesleben ausgerichtet, was sie im Außen introvertiert erscheinen lässt. Sie leben nach der Devise »Am Anfang empfiehlt sich Zurückhaltung«.

Die Dinge brauchen für STRUKTUR ihre Ordnung, ihren Rahmen. Eine Gesellschaft, in der es keine Regeln und keine Disziplin gibt, droht unterzugehen.

Menschen mit vielen Strukturanteilen bevorzugen häufig ein stilvolles und dezentes, hochwertig anmutendes Ambiente und die damit entstehende Atmosphäre. Sie haben ein Händchen für Ästhetik, einen Blick für Schönheit und ein Gespür für den kultivierten Umgang miteinander. Die volle Entfaltung erreichen diese Menschen, wenn sie mit fundiertem Wissen, Perfektion und Präzision Sach- und Fachlichkeiten vermitteln können.

Auf der weniger entwickelten Seite finden sich hier Menschen, die zu Starrheit und Kontrollmechanismen neigen, die sich Menschlichkeit und Nähe verweigern und Gefühle bei sich und anderen kaum akzeptieren. Dadurch wirken sie in ihrem Auftreten distanziert und gedämpft, manchmal fast etwas frostig oder auch rigide. Die Fähigkeit, das Leben leicht, locker und lässig zu nehmen, fehlt ihnen fast völlig, weswegen sie zum Beispiel in Berufen mit Oberflächlichkeits- und Showtendenzen fehl am Platz sind.

Leben und Bewegung im Gesicht entsteht bei STRUKTUR dort, wo geistige Dynamik und introvertierte, intellektuelle Verständigkeit mit kontrollierter Zurückhaltung gepaart dies zulassen.

Stirn ist an den Ecken der Oberstirn betont: Das obere Stirndrittel ist in der Gesamtbetrachtung der Stirn von vorne am ausgeprägtesten, wobei hier der Übergang von der Oberstirn zum oberen Seitenhaupt dominiert. Der Aufbau der Stirn erinnert bei der frontalen Gesichtsbetrachtung sehr an ein auf dem Kopf stehendes Trapez.

Dieser Eindruck entsteht durch die plastische Modellierung der oberen Stirnecken. Hier befinden sich im Übergang zum Seitenhaupt die Ausdrucksareale, die mit dem »Bedürfnis zur Ansammlung von Wissen« übersetzt werden. Dieser Wissensschatz in der Hinterhand ist zwar ein Potenzial zur Lebensführung, doch Ihnen geht es in erster Linie um den Wissensbesitz an sich: »Ich weiß zwar noch nicht, wofür ich es brauchen kann, aber ich mache gerade eine Weiterbildung. Das Thema hat mich einfach interessiert.« Für Sie ist Wissen Kulturgut. Sie interessieren sich für die unterschiedlichsten Lebensbereiche und die Erfahrungen und Erkenntnisse, die andere daraus schon gewonnen haben.

Ein Mensch mit vielen Strukturanteilen bewegt in seinem reichen Geistesfundus nicht nur Gedanken, die auf eigener Erfahrung beruhen, sondern bildet sich seine Meinung auch über Informationen von außen. Sein breit gefächertes Wissen lädt ihn zu spekulativem Denken ein.

Unabhängig davon ist bei dem Prozess, zu einer Entscheidung zu gelangen, immer die *Qualität* der Beurteilung zu betrachten: Eine Fülle von Informationen und großes Wissen allein bringen im Normalfall noch keine weise Entscheidung mit sich. Je intensiver das Gewebe im Bereich der Oberstirn leuchtet und strahlt, umso mehr berücksichtigt dieser Mensch in seiner Betrachtung, welche Auswirkungen sein Tun auf die Gemeinschaft hat.

Großporiges Hautgewebe sucht auch in diesen Belangen Sachbezüge herzustellen. Der Mensch möchte seine Einsichten dann auf Fakten stützen. Unterstützt wird diese Eigenschaft durch eine gut entwickelte **Unterstirn**. Das Denken braucht dann umso mehr real nachvollziehbare Gegebenheiten.

Von STRUKTUR können wir lernen, dass sich unser Denkleben bei weitem nicht nur auf die praktische und rein nutzorientierte Ansammlung von Erfahrung und Erkenntnis beschränkt. So wird unsere Ratio, die technisch-logisch, analytisch oder faktisch arbeitet, ergänzt: STRUKTUR hat die Fähigkeit, sich in einem Denkrahmen zu bewegen, der kulturelle und gesellschaftliche Regeln mit einbezieht und auch den Mensch als wertzuschätzendes Gegenüber sieht.

Die Augen sind eher klein und eng zueinanderstehend: Kleine und **klare Augen** sind Zeichen konzentrierter Gedankenkraft, wenn es um die Aufnahme von Informationen oder Bildern geht. Sie zeigen also Ihr Bedürfnis, sich auf das Wesentliche eines Themas einzulassen, detailorientiert zu erfassen und konzentriert Einblick in das zu gewinnen, was zum Ausdruck gebracht wurde oder gegeben ist. Beim Wiedergeben des Reflektierten bewegen sich dabei Ihre Augen kaum. So wirkt das, was Sie sagen, ruhig und klar.

Eng beieinander stehende Augen informieren darüber, dass Sie sich als Experte auf ein Spezialgebiet einlassen möchten. So wählen Sie zum Beispiel unter dem Blickwinkel Ihres Lieblingsthemas Informationen ganz gezielt aus. Es ist Ihnen ein Bedürfnis, Gedanken konzentriert und präzise auf den Punkt zu bringen – darauf kommt es Ihnen in erster Linie an, alles andere ist »Beiwerk«. An der Fülle von Informationen, die beispielsweise ein anderes Fachgebiet berühren würden, sind Sie weniger interessiert. Viel eher kann man also davon sprechen, dass Sie sich spezialisieren möchten. Dort suchen Sie die Tiefe, das bereichert Ihren Blickwinkel und dadurch auch den Ihrer Kollegen, sofern diese an Ihren Erkenntnissen und Informationen teilhaben können und dürfen.

Das Ergebnis Ihrer Beobachtungen müssen Sie anschließend grundsätzlich nicht kommunizieren, es dient in erster Linie Ihrer eigenen Meinungsbildung. Die **tief in der Orbita gelagerten Augen** zeichnen Sie also als einen Menschen aus, der im Aussprechen seiner Gedanken eher zurückhaltend ist, der lieber zuhört und dadurch Informationen aufnimmt. Sie müssen sich dabei nicht bewusst zurücknehmen, denn Sie haben keinen besonderen Drang zu sprechen. Deshalb fühlen Sie sich wahrscheinlich wohler in der Rolle des interessierten Zuhörers.

Die klaren Augen zeigen im Allgemeinen **wenig Bewegung:** Lassen Sie sich auf ein Thema ein, sind Sie bei Ihren Schilderungen und auch beim Zuhören hoch konzentriert.

Der von vorne betrachtete **Nasenrücken ist eher schmal** und zeigt an, dass Sie sich vorzugsweise in fein-geistiger Tätigkeit verwirklichen möchten. Da der Nasenrücken auf der körperlichen Ebene für den Knochenbau steht, ist eine schwere körperliche Belastung über einen längeren Zeitraum nicht zu empfehlen.

Der gerade Verlauf der Nase steht stellvertretend für eine zielgerichtete Art der Selbstverwirklichung, die sich nicht vom einmal gefassten und geordneten Plan abbringen lassen möchte. Ihre Vorgehensweise soll möglichst geradlinig sein, wenn Sie sich etwas vorgenommen haben und Schritt für Schritt vorangehen.

Die Spannung der Haut im gesamten Verlauf des Nasenrückens bildet sich unter dem Einfluss des Willens. Dahinter steckt die Botschaft »Ich will...«, die aussagt, dass Fremdbestimmung nicht erwünscht ist. Vielmehr nehmen Sie sich selbstbestimmt und verantwortlich den Raum, den Sie brauchen. Sie wollen Entscheidungen unabhängig von der Meinung anderer treffen und übernehmen dafür auch die Verantwortung.

Zusammenfassend lässt sich sagen: So, wie Sie sich im Leben verwirklichen wollen, dürfte es Ihnen schwer fallen, sich von anderen führen zu lassen. Sie treffen Ihre Entscheidungen selbst, entwerfen für Ihr Vorgehen einen Plan, der auch Alternativen berücksichtigt und wollen bei der Ausführung geradlinig, kontinuierlich, Stück für Stück vorangehen.

Nasenwurzel: Die Nase ist im Bereich der Nasenwurzel eingebuchtet, das heißt, sie geht in der Profilbetrachtung des Gesichts nach innen. Wenn Ihre Nasenwurzel diese Form aufweist, fühlen Sie sich von nachfolgender Interpretation angesprochen: Das, was Sie sagen, soll möglichst Hand und Fuß haben. Sie haben die Erfahrung gemacht, dass Sie immer dann, wenn Sie sich zu spontanen Äußerungen hinreißen lassen, Dinge tun oder sagen, die nicht der Qualität und Tiefe Ihres Denkens entsprechen.

Sie kennen in diesem Zusammenhang vielleicht auch das Phänomen, dass Ihnen die besten Argumente zu Hause einfallen. Leider ist Ihre überlegte Art, Kontra zu geben, nicht für eine spontane Reaktion geeignet – und so träumen Sie vermutlich davon, einmal richtig schlagfertig zu sein! Sie wollen und sollten sich Zeit nehmen und in Ruhe reflektieren, um nach bestem Wissen eine gedanklich klar geordnete Auskunft geben zu können.

Betrachten Sie Ihre **Nasenwurzel von vorne**, ist sie im Vergleich zu anderen eher **schmal**. Wie bereits beschrieben, zeigt leuchtendes Gewebe im Bereich der Nasenwurzel den Willen zu bewusster geistiger Entwicklung. Bei einer schmalen Nasenwurzel, wie Sie sie haben, ist es wichtig, Informationen nacheinander verarbeiten zu können: Sie haben das Bedürfnis, sich immer auf *eine* Sache im

Moment einzulassen. Sollten viele Informationen zum gleichen Zeitpunkt auf Sie einströmen, besteht die Neigung zur Überreizung. Aus Überreizung geschehen Fehler – und aus Fehlern, die vermeidbar gewesen wären, resultieren nicht selten Selbstvorwürfe, Ängste und Sorgen.

Sollten zwei Personen zum gleichen Zeitpunkt etwas von Ihnen erwarten, dann ist es für Sie wichtig, bewusst Prioritäten zu setzen, zu ordnen und dann entschieden zu äußern: »Immer der Reihe nach: Zuerst du – und dann du ...!«

Die Nasenflügel sind eher flach und wenig ausmodelliert. Sie unterstreichen Ihr Bedürfnis, sich in erster Linie auf den Austausch von Informationen zu beschränken. Die Beschreibung der Empfindungen, die Sie dabei hatten, stellen Sie hinten an.

Nasenspitze: Die Nasenspitze kann in ihrem Verlauf eine nach unten gehende Tendenz aufweisen. Wir übersetzen dies mit der Neigung zu Gründlichkeit. Detailorientiert und unter Berücksichtigung von Alternativen wollen Sie vor der Verwirklichung einen Plan ausarbeiten. Dies bedarf der Vorbereitung. Sie möchten also im wahrsten Sinne des Wortes den Dingen bereits in der Planungsphase »auf den Grund gehen«.

Die Nase ist länger als ein Drittel Ihrer Gesichtsfläche. So berücksichtigen Sie mehrere Alternativen und unterschiedliche Perspektiven bereits vor einer Umsetzung und bedenken schon theoretisch im Voraus, was zu tun ist, wenn Fall X eintritt.

Die Nasenspitze ist in ihrer Modellierung nicht betont. Der Instinkt, das Fällen von Entscheidungen aus dem Bauchgefühl heraus, finden also weniger Anwendung.

Das Mittelgesicht erscheint eher flach, gespannt und feinporig mit geringer Flächigkeit. Das schmale Mittelgesicht zeigt nicht das Bedürfnis nach vielen, sondern nach ausgesuchten Kontakten, die verbindlich und tief erfahren werden wollen. Mit »tief« ist hier nicht eine Intensität im Sinne von häufig gemeint, sondern im Sinne von »verbunden sein«.

Die *Gespanntheit des Hautgewebes* zeigt Ihr Bedürfnis nach Distanz und Freiraum, das Sie bei aller Nähe gewahrt haben möchten. Sie wollen weniger ein Gefühl für Atmosphäre finden – Sie wollen die Atmosphäre verstehen. Dabei sind

Sie in Ihrem Kontaktverhalten eher distanziert und abwartend, was Ihrem Auftreten eine etwas kühlere Ausstrahlung verleiht. Das Herstellen und Aufrechterhalten von Gefühlskontakten empfinden Sie manchmal als mühsam – und zum Teil auch als überflüssig. Im Kontakt mit anderen Menschen halten Sie sich also eher zurück, so dürften Ihnen zum Beispiel Umarmungen zur Begrüßung nicht so sehr liegen.

Die *Feinheit des Hautgewebes* zeigt Sie als einen Menschen mit feinen Sensoren, der sehr gut atmosphärische Stimmungen wahrnehmen kann. Wenn Sie einen Raum betreten, dann registrieren Sie sehr rasch und differenziert die Stimmung und Gegebenheiten dort.

Sie kennen sicher das Gefühl, wenn nach dem Betreten eines Raums von den Gastgebern beteuert wird, alles sei bestens und in Ordnung. Doch bei Ihnen bleibt ein schales Gefühl zurück, denn Ihr Empfinden steht im Widerspruch zu der soeben erhaltenen Information.

An der großen, länglichen Form der Ohren erkennen Sie Ihr Bedürfnis nach Freiheit und Unabhängigkeit. Dabei ist nicht die Freiheit von etwas, sondern die Freiheit zu etwas gemeint. Sie drückt sich in dem Bestreben nach Freiräumen für die Entfaltung der eigenen Persönlichkeit aus. Sie wollen sich die Möglichkeit eines Rückzugs offen halten, haben einen hohen körperlichen Bewegungsdrang und streben auch danach, Ihre Eigenständigkeit zu erhalten.

Menschen, die Ihnen nahe stehen, verblüffen Sie oft mit Ihrem Mut, der Ihnen Kraft und Stärke schenkt, um sich neuen Herausforderungen zu stellen: »Wie du dir das immer zutraust«, könnte die staunende Feststellung Ihrer Umwelt lauten. Dieses Vermögen beziehen Sie dabei weniger aus dem Bewusstsein über Ihr eigenes Können, sondern eher aus tieferen Schichten der Persönlichkeit.

Die Betonung des oberen Ohrdrittels unterstreicht Ihr geistiges Erkenntnisstreben. Sie sind sehr interessiert an Themen, die Ihren Verstand fordern, suchen nach Information, Wissen und Erklärungen für die Dinge, die sich rund um Sie ereignen.

Die beschriebene Positionierung des **inneren zum äußeren Ohrrand** bringt außerdem zum Ausdruck, dass Sie sich in seelischen Belangen nur sehr langsam und erst dann öffnen, wenn Ihr Gegenüber Ihr absolutes Vertrauen genießt.

Gespannte Ohren zeigen auch hier wieder an, dass Sie über ein hohes Maß an Abgrenzungsfähigkeit verfügen und Dinge nicht so nahe an sich herankommen lassen. Dies gibt Ihnen Stabilität, Festigkeit und Sicherheit.

Bei anliegenden Ohren will der Mensch Bestehendes wahren. Es bedeutet, anders ausgedrückt, dass Ihnen Konfrontation in der Diskussion nicht liegen dürften (*oberes Ohrdrittel anliegend*). Dieses »Sich-aneinander-Reiben« mögen Sie nicht. So erhalten Sie sich in Ihrem Umfeld Stabilität (*mittleres Ohrdrittel anliegend*). Auch in materieller Hinsicht streben Sie eher danach, den bereits erworbenen Status zu erhalten, als ihn zu erweitern (*unteres Ohrdrittel anliegend*).

Das Pallium ist in der Profilbetrachtung des Gesichts eher gerade, gespannt und lang: In der Wahrnehmung Ihrer eigenen Interessen treten Sie Ihren Mitmenschen entschlossen und konsequent gegenüber. Die Gespanntheit des Gewebes zeigt die Verwirklichungskraft des Verstandes und zusammen mit der Länge den Willen und die Ausdauer, an Ihren Interessen festzuhalten.

Sie wollen also etwas erreichen und sind im positiven Sinn ehrgeizig: Ein einmal verabschiedeter Plan soll *anspruchsvoll* umgesetzt werden. Häufig bezieht sich diese hohe Erwartungshaltung nicht nur auf Ihre eigene Person, sondern dehnt sich auch auf die Mitmenschen aus. Deshalb besteht die Gefahr, dass soziale Bindungen darunter leiden.

Im Profil: Schräger Übergang des Palliums zum Nasensteg. Je unnachgiebiger Ihr Wille ist, umso höher wird Ihre eigene Messlatte gesetzt. Sie hätten es gerne vollkommen und es könnte sein, dass Sie sich dabei manchmal selbst enorm unter Druck setzen, um Ihren Ansprüchen zu genügen.

Das schmale Philtrum deutet darauf hin, dass Sie durchaus gewillt sind, Kompromisse einzugehen. Diese finden von Ihnen grundsätzlich vor allem dann den Vorzug, wenn Sie selbst dabei auch ein Stückchen Ihrem Ziel näher kommen.

Der Mund ist klein und schmal. Er zeigt an, dass Sie Wünsche und alles, was Ihnen begehrenswert erscheint, auf das für Sie Wesentliche konzentrieren können. Analog dazu wird auch der Gebrauch von Worten in der Formulierung beschränkt. Dabei steht Ihr Anspruch an Qualität höher im Kurs als der an Quantität. Sie sprechen also nicht viel, aber das, was Sie sagen, hat Gehalt. Und für

Ihre Wünsche gilt Ähnliches: Sie wollen nicht viel, aber die Dinge, mit denen Sie sich umgeben oder schmücken, sollen Qualität haben.

Die fein modellierte **(mehrteilige) Oberlippenkontur** ist Ausdruck für die Differenziertheit, mit der Sie in der Lage sind, gefühlsmäßig zu prüfen und abzuwägen. Daraus ergibt sich ein feines Gespür für die Unterscheidung von Qualitäten. Sie haben die Gabe, Lebensfragen über Gefühl und Vernunft sehr fein zu prüfen und differenziert abzuwägen. Je mehr *Spannung* die Lippen zeigen, desto verstandesorientierter, klarer und eindeutiger wird Ihr Empfinden. Takt und Feingefühl sind für Sie selbstverständlich, denn Sie wissen, dass Ihr Gegenüber andere Bedürfnisse haben könnte als Sie selbst und reagieren deshalb verständnisvoll. Fairness – selbst im Konfliktfall – ist Ihnen grundsätzlich ein großes Anliegen.

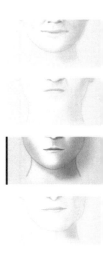

Ihre *gespannten und schmalen Lippen* deuten darauf hin, dass Sie mühelos Ihre Gefühle disziplinieren können und in der Tendenz erst sorgfältig mit dem Verstand abstimmen, ob es angebracht ist, emotional zu reagieren. Dadurch bekommen Entscheidungen in Gefühlsfragen oftmals ein formales Gepräge und Sie wirken selbst dann noch vernünftig, wenn Ihr Gegenüber schon lacht, weint oder vor Wut fast platzt. Gesellschaftlich gesehen ist es nicht immer angebracht, Gefühlen freien Lauf zu lassen. Sich von ihnen in jedem Moment leiten zu lassen, könnte für Sie bedeuten, die Kontrolle zu verlieren. Für einen Menschen mit geordneter Struktur wäre dies sicher eine schwere Herausforderung. Fest steht, dass Sie sachlich bleiben können und mit analytischer Sorgfalt Pro und Kontra abwägen, bevor Sie Entscheidungen fällen. Sie lassen sich selten von Gefühlen überrollen und werden als objektiver Zeitgenosse geschätzt.

Es könnte jedoch sein, dass Sie dazu neigen, selbst emotionale Erregungen und Empfindungen über den Verstand zu rationalisieren und zu analysieren. Das führt jedoch in den seltensten Fällen zu einer Klärung, denn Gefühle klären sich ungern über den Verstand, sondern dann, wenn es die Seele gestattet.

Das nach unten weisende Kinn signalisiert »Würde«. Damit ist das Bedürfnis gemeint, würdevoll Haltung zu bewahren, auch wenn die Persönlichkeit zutiefst erschüttert ist. Es fällt Ihnen nicht im Traum ein, vor anderen die Fassung zu verlieren, auch wenn Sie persönlich auf das Äußerste betroffen sind.

Bildlich gesprochen ist es der Ritter in Ihnen, der tapfer und fest gefügt auf den Zinnen seiner Burg steht, währenddessen ihm die Angreifer Stück für Stück das Mauerwerk abtragen.

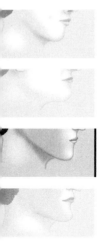

Die Spannung des Gewebes am Kinn informiert über die entschlossene Dynamik Ihres Impulses. Wenn Ihre geistigen Vorbereitungen abgeschlossen sind, wollen Sie zügig ins Handeln kommen. Sowohl unangebrachte Zögerlichkeit als auch unüberlegt impulsives Handeln ist Ihnen fremd.

Der Unterkiefer weist einen feinen, durchgängigen Zug auf. Er ist lang, das Gewebe wirkt gespannt: In Durchführung und Handlung erweisen Sie sich als ein Mensch, der die einmal gefassten Pläne dynamisch (*gespanntes Gewebe*), ausdauernd und kontinuierlich (*Länge des Unterkieferbogens*) abwickelt. Ergeben sich zu große Hindernisse, die Sie in der Planungsphase als Möglichkeiten nicht berücksichtigt haben, dann ziehen Sie es vor, alles nochmals in Ruhe zu überdenken und neue Pläne zu schmieden (*fehlende Kantigkeit*), bevor Sie »auf Biegen und Brechen« an der Vollendung Ihrer Ziele arbeiten.

STRUKTUR

Körper Hände Bewegung Haut

Ihre Körperform ist fein und gespannt, Ihre Hände zart mit betont länglichen Fingern: Diese Merkmale sind Ausdruck für ein ästhetisches und kultiviertes Auftreten. Last but not least wird dies alles durch die elegant anmutenden *Bewegungen* mit weniger grounding (Bodenhaftung) unterstrichen. Ihre *Haltung* ist würdevoll, dabei tragen Sie Ihren Kopf königlich.

Die beschriebene Form der *Hände* will eine Entfaltung in eleganter, feingeistiger Form. Körperliche, konkrete Handlungsabläufe sind hier weniger angelegt.

Die *Haut* ist von der Struktur insgesamt fein, glatt und gespannt. Sie zeigt Ihre differenzierte Interaktion mit der Umwelt und die Fähigkeit, über den Willen geführte Entscheidungen zu treffen. Ihre Fähigkeit, sich dabei ganz klar von anderen abzugrenzen, birgt die Gefahr in sich, dass Sie sich gleichzeitig ausgrenzen. Dann wirkt die Haut mit zunehmendem Alter mehr und mehr pergamentartig.

Haben Sie Interesse an allem, was der Menschheit Kultur und Feinschliff verleiht? Macht es Ihnen Freude, wenn Sie Ordnung und Struktur ins Chaos bringen können? Bezeichnet man Sie oft als diszipliniert, geradlinig und konsequent? Dann haben Sie ganz sicherlich eine große Portion STRUKTUR in sich, die Sie niveauvoll und elegant wirken lässt und Ihnen die Anmutung eines feinsinnigen, analytischen Denkers gibt. Sie haben ein breites Wissensspektrum, allerdings eher theoretisch und beherrschen die gesellschaftlich anerkannten Spielregeln aus dem Effeff.

Das gibt Ihnen neue Kraft
Wenn Ihr Energieniveau absinkt, dann helfen Ihnen folgende Empfehlungen dabei, wieder durchzuatmen:

☺ *Gründlich durchdenken beim Dauerlauf*
Sitzen Sie auch täglich in Meetings, oft stundenlang – ohne konkretes Ergebnis? Haben Sie heute neben der Bedienung Ihrer PC-Tastatur noch keine nennenswerte Bewegung in Ihren Alltag gebracht? Dann gönnen Sie sich dringend einen aktiven Feierabend: Power-Walking, Jogging oder ein Stündchen Bahnenziehen im Schwimmbad wirken wahre Wunder! Und einen positiven Begleiteffekt können Sie auf diese Weise auch gleich mitnehmen: Ihre Beine laufen von ganz allein – und Sie haben genügend Zeit, Ihre Gedanken zu ordnen oder sie frei fließen zu lassen. Das macht Schluss mit dem Durcheinander im Kopf und sorgt für Klarheit – und Sie überstehen den nächsten Besprechungsmarathon problemlos!

☺ *Auf Durchzug schalten: Einigeln und zur Ruhe kommen!*
Stress und Hektik holen uns heute irgendwie alle ein – aber Ihnen machen Schnelligkeit und Hetze doppelt zu schaffen: Nach außen, zum Beispiel im Job oder in Gesellschaft, sind Sie zwar dynamisch und reaktionsbereit, innerlich sind Sie aber ein großes Sensibelchen mit dem Bedürfnis nach Rückzug und Ruhe. Deshalb unser Tipp: Schalten Sie öfter mal ab, lassen Sie die Welt draußen und bleiben Sie bei sich – in einer angenehm temperierten Badewanne mit duftenden Essenzen, zusammen mit einem kühlen Schlückchen Prosecco und Ihrem Lieblingsbuch. Ihre Nerven werden es Ihnen danken!

☺ *Erholung durch Wiederholung: Immer wieder sonntags ...*
Kennen Sie das? In der Firma wird ständig alles umstrukturiert, alle sechs Monate ändern sich die Computerprogramme und überhaupt ist alles in ständigem Wandel? Bei aller Bereitschaft zum Fortschritt, das kann manchmal ganz schön

an die Substanz gehen! Da tut es Ihnen einfach gut, wenn sich manche Dinge nicht ändern, beispielsweise das wöchentliche Saunaritual am Freitagabend oder der alljährliche Urlaub in vertrauter Umgebung. Auch Menschen, die Ihnen seit langem vertraut sind oder Ihre Lieblings-CD, die Sie immer in Stress-Situationen einlegen, geben Ihnen die innere Balance wieder. So gerüstet sehen Sie der nächsten Veränderung gelassen entgegen.

Das raubt Ihnen Energie

☹ *Lärm, Unordnung und Rohheiten*
Ihr Kumpel schwärmt in den höchsten Tönen vom Oktoberfest und ist ganz begeistert von der unbeschreiblichen Atmosphäre im Bierzelt. Ihre Freundin liegt Ihnen schon seit Tagen in den Ohren und möchte Sie wieder mal zum Techno-Festival entführen. Für sie ist es nämlich das Nonplusultra, in ohrenbetäubender Lautstärke so richtig abzutanzen. Ihr Enthusiasmus dafür hält sich jedoch in sehr engen Grenzen, denn eigentlich mögen Sie weder Bierdümpeleien noch Schenkelklatscher oder Ohrenbeleidigungen jeglicher Art. Und – bei allem Verständnis für die lieben Kleinen – das Chaos, das aus den Kinderzimmern in den Rest der Wohnung quillt, schon dreimal nicht. Dann sagen Sie besser ganz entschieden »Nein, ohne mich!«.

☹ *Dampfplauderer und Vielredner*
Ein bisschen Plaudern ist bestimmt ganz nett, soziale Fellpflege mit einem guten Gespräch zur richtigen Zeit kann sehr inspirierend sein. Aber was zu viel ist, geht Ihnen ordentlich auf die Nerven, besonders dann, wenn man sich Ihnen aufdrängt. Erinnern Sie sich an Ihre Reisebekanntschaft aus dem Zug neulich? Nolens volens mussten Sie sich ihre Lebensgeschichte anhören, die so viel auch wieder nicht zu bieten hatte. Außer der Tatsache, dass Sie den Ausdruck »Sprechdurchfall« jetzt genau beschreiben können. Oder der Kollege aus der Gattung »Industrieschauspieler«: Viel heiße Luft und nichts dahinter. Eine elegante Lösung des Problems für Sie: Sich beizeiten freundlich verabschieden und ab durch die Mitte!

☹ *Chaoten und Regelbrecher*
Manchmal fragt man sich schon, warum Verkehrsregeln erfunden worden sind, denn es gibt Zeitgenossen, die es als Volkssport betrachten, sie ständig zu übertreten. Rote Ampel oder Geschwindigkeitsbegrenzung – gilt alles nicht für manche Mitmenschen, die scheinbar ihre eigenen Gesetze machen. Sie halten Vereinbarungen nicht ein, denen sie vorher eifrig zugestimmt haben, ihre brillanten Ideen zerplatzen wie eine Seifenblase, der Schreibtisch sieht aus wie ein Mülleimer – und das alles macht ihnen anscheinend nichts aus. Irgendwie lavieren sie sich seltsamerweise immer durch – aber besser ohne Sie, denn Sie brauchen klare Richtlinien und geordnete Verhältnisse. Unser Vorschlag: Gerne auf ein Bierchen zusammen, besser nicht im engeren Umfeld, das gibt Ärger …

Veränderungsenergie – VISION

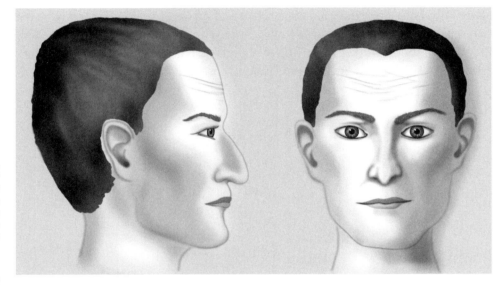

In diesem Kapitel geht es um die Kraft, die Veränderungen in Gang bringt und die im Persönlichkeitsanteil VISION vorherrschend wirkt (siehe auch Abbildung in der Buchmitte, Seite III). Etwas Bestehendes ablegen und sich eine neue Form suchen, etwas umgestalten – das beschreibt in etwa, was wir grundsätzlich unter »Veränderung« verstehen. Wir stehen diesem Begriff neutral gegenüber, dies in vollem Bewusstsein darüber, dass Veränderungen sowohl konstruktiv als auch destruktiv gelebt werden können.

Menschen mit viel VISION haben ein ständiges Bedürfnis nach Umwälzung des Bestehenden. Sie spüren einen starken Drang danach, sich für ihr Leben ganz unorthodox neue Räume zu erschließen: Mit dem Erreichen geben sie sich deswegen auch nur selten zufrieden. Ein *kontrastreiches Leben* und Erleben begleitet sie, lässt sie anders wirken als die Masse und zieht damit leicht Ausgrenzung nach sich.

VISION bedeutet auch, sich mit außergewöhnlichem Kraftaufwand auf den Weg zu machen, gegen Regeln aufzubegehren, die Gesellschaft abzulehnen und dann Bestehendes zu verändern. Erst mit VISION entsteht *Bewegung und Entwicklung*, denn ohne sie würden wir den Status quo niemals in Frage stellen. Sie hilft uns dabei, alte Strukturen aufzubrechen und neu zu ordnen, den Ist-Zustand zu überdenken, Neues auszuprobieren und dabei ungewohnte Erfahrungen zuzulassen.

VISION hat nicht zuletzt mit Aggression zu tun, was nicht nur den Gesichtspunkt »Angriffslust« umfasst, sondern auch die Fähigkeit, *Dinge anzugehen*. Daraus entsteht Bewegung – die jedoch nichts Ruhiges oder Kontinuierliches ausstrahlt, sondern ganz im Gegenteil höchst unruhig wirkt und zur Übertreibung neigt. Dies geschieht zum Beispiel in Form einer impulsiven Entladung, wenn diese Kraft zum Widerspruch herausgefordert wird und dann leicht über das Ziel hinausschießt.

Energetische Form, Bewegung, Mimik/Gestik

VISION bildet unregelmäßige, asymmetrische Formen im Gesicht: Die Konturen zeigen sich spitz, kantig und sind scharf geschnitten. Das Hautgewebe ist gerötet. Allgemein können die Formen in die Breite gehen, haben dabei aber nichts Gerundetes. Der Gang von Menschen mit viel VISION ist bestimmt und getaktet, ihre Bewegungen fahrig und unruhig.

Mimik und Gestik sind unruhig, die Stimme bestimmt, dabei betont laut oder leise.

VISION wirkt: zweifelnd, kontrastreich, karikierend, vorausblickend, unberechenbar, chaotisch, spontan, zynisch, herabsetzend, rasch, impulsiv, veränderlich, zerstörend, beschleunigend, nervös, unruhig, bewegt ...

---

* Im empfohlenen Werk *Kraftrichtungsordnung* von Werner Glanzmann-Krstin ergibt sich diese Energie aus dem elektrisch-heliodischen Grundkräftecharakter. Die Illustration auf der nebenstehenden Seite zeigt die Reinform dieses Persönlichkeitstyps.

Motivation & Psychogramm

In der Idee leben heißt, das Unmögliche behandeln,
als wenn es möglich wäre.
Johann Wolfgang von Goethe

Menschen mit vielen Visionsanteilen bestechen mit ihrer ausgeprägten Neigung zum aktiven Agieren, ihrer Fähigkeit, zugleich eine Vision zu entwickeln und Leitbildfunktion zu übernehmen. Dadurch wirken sie auf eine selbstverständliche Art präsent, autoritär, feingeistig interessiert und auch aufgeschlossen gegenüber Neuem. Ihr Leben erreicht ein hohes Qualitätsniveau, wenn Machtstreben mit Visionen und Durchhaltevermögen kombiniert werden kann. Eine Distanziertheit der Umwelt gegenüber lässt diese Menschen über den Dingen stehen und prädestiniert sie so zu visionären Querdenkern, die auch unbequeme Entscheidungen fällen können, um so charismatisch-motivierend ihre Idee als solche voranzutreiben. Zu Hause hält es diese Menschen nicht, sie benötigen zu ihrer Entfaltung die Bühne der Öffentlichkeit, lieben das Außergewöhnliche und haben ein starkes Bedürfnis nach dem anderen Extrem: Alles, was schräg ist und auffällt, gefällt. Sie neigen zu Übertreibungen und machen dabei auf unorthodoxe Art und Weise sehr deutlich, worauf es ihnen ankommt. Wir können von ihnen lernen, wie wir *noch* leben könnten, was es außerhalb unseres Sicherheits- und Kontrollbedürfnisses *noch* zu entdecken gäbe, wenn wir nicht zu bequem wären, um Bestehendes in Frage zu stellen.

Auf der weniger entwickelten Seite finden sich hier Menschen mit dramatischen Facetten, die sich gekonnt in Szene setzen, die Rolle der Saaleintrittsspezialisten übernehmen und plakative oder polemisierende Schwarz-Weiß-Malerei betreiben. Widersprüchlichkeiten in ihrem Wesen machen den Umgang mit ihnen oft schwer. Dies äußert sich in unversöhnlichem, extremem und messerscharfem Verhalten bei der Problem- und Lebensbewältigung. Herzliche, menschliche Verbindungen bedeuten ihnen nicht viel: Menschen mit VISION sehen sich eher als autarker »Mini-Kosmos« und legen auf Anteilnahme wenig Wert, wohl aber auf Bewunderung.

Auffällig sind die mehr oder weniger stark ausgeprägten Asymmetrien der linken und rechten Gesichts- bzw. Körperhälfte oder aber scharf geschnittene Gesichtszüge. Dies lässt auf ein deutliches inneres Spannungspotential schließen, das für Menschen mit Visionsanteilen Unruhe mit sich bringt. Es besteht ein gesteigertes Bedürfnis, Menschen, Dinge oder Situationen in Frage zu stellen, das Bestehende zu verändern oder durch kontrastreiches Verhalten auf die Spitze zu treiben – was nicht selten auch zu scharfen Brüchen in der eigenen Lebensspur führt.

Leben und Bewegung im Gesicht entsteht bei Vision durch Asymmetrien und überall dort, wo Überzeugung, Charisma und Wille zum Ausdruck kommen (Augen, Kinn, Nase).

Stirn – der Haaransatz oder der Übergang Kopf-/Stirnhaut weist in der Mitte eine Spitze auf: Diese Formbildung nennen wir »diabolos« (griechisch = »*Durcheinanderbringer*«). Martin Buber übersetzte ihn mit dem Begriff »Hinderer« und meinte damit die Stimme in uns, die unsere Intuitionen anzweifelt und in Frage stellt.

Wenn Sie einen »Hinderer« auf der Stirn tragen, dann machen Sie im Nachhinein wahrscheinlich oft die Erfahrung, dass Sie Ihrer Intuition *doch* hätten vertrauen können.

Charakteristisch für unsere Intuition ist, dass sie sich häufig bildhaft mitteilt. Diese Bilder entspringen unserer inneren Welt. Wir sollten sie nicht analysieren, sondern als ein wertvolles Geschenk annehmen, obwohl sie einer rationalen Prüfung nicht immer standhalten.

Genau das ist Ihr Problem, wenn Sie einen »diabolos« haben: Sie ziehen sich auf Ihren Verstand zurück – obwohl Sie mit Ihrer Intuition eine gesteigerte Einsichtsmöglichkeit hätten.

Die Augen sind unterschiedlich hoch und/oder schräg angesetzt. So können Sie einen kontrastreichen Blickwinkel in der Betrachtung von Situationen, Menschen und Dingen einnehmen. Sie beleuchten unterschiedliche Standpunkte, wobei es dabei durchaus vorkommt, dass Sie parteiisch und einseitig projizierend argumentieren. Eine strategisch geschickte und vorausblickende Gedankenausrichtung haben Sie, wenn Ihre *Augen schräg nach oben angesetzt* sind. Sie sind gedanklich vorausblickend und können die Dinge sehr gut unter dem Aspekt der Auswirkung auf Ihre Person bezogen betrachten.

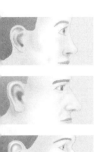

Ob Sie dieses Talent zum Wohle aller Beteiligten oder zu Ihrem eigenen Vorteil einsetzen, hängt von Ihrer Gesamtveranlagung ab. Über die Augenstellung allein kann hier kein gültiges Urteil gefällt werden. Wir können beispielsweise an den Angestellten auf der Karriereleiter denken, der sich wie zufällig in das freistehende Nachbarappartement des Chefs einquartiert. Genauso ist aber in diesem Zusammenhang auch der erfolgreiche Therapeut zu nennen, der mit geschickten Fragen und beiläufig eingestreuten Anekdoten den Patienten dazu bringt, selbst die nächsten Schritte zu gehen. Symbolisch gesprochen: Messer sind für die Zubereitung von köstlichen Speisen ebenso geeignet wie zum Tranchieren der Leiche in Nachbars Keller ...

Bewegt sich der Augapfel rasch, dann sind die Gedankengänge ebenso bewegt. Wirken die Augen dabei jedoch trüb, so ist nicht davon auszugehen, dass diese Gedankengänge zu einer Klärung führen.

Die Nase ist in der Profilansicht des Gesichts konvex und/oder von vorne schief.
Ist Ihre Nase konvex, das heißt sichelförmig nach außen gewölbt, dann haben Sie ein hohes Bedürfnis danach, Ihre eigene Persönlichkeit zu entfalten und sich den Raum zu nehmen, den Sie dafür brauchen. Sie verstehen es, sich zur Geltung zu bringen. Dabei legen Sie gleichzeitig eine bemerkenswert dauerhafte Kraft an den Tag. Dies macht Sie leistungs- und einsatzbereit und bedeutet, dass Sie auf hohem Energieniveau ausdauernd arbeiten wollen. Außerdem kann man Ihrer Lebensgestaltung durchaus unterstellen, dass Sie einen gewissen Hang zur *inszenierten Dramatik* haben, denn Sie suchen und finden zielsicher das »andere Extrem«.

Die Neigung, Dinge unkoordiniert anstatt strukturiert in Angriff zu nehmen, erhöht sich mit der **schiefen oder krummen Nase**. Dadurch ergeben sich zwangsläufig Abweichungen vom logisch erfassten und vorbereiteten Plan. Sie weichen daher öfter abrupt von dem zu erwartenden Weg ab, begeben sich so in einen ungeordneten und weniger berechenbaren Zustand, der wiederum dazu führt, dass Sie Neuland betreten. Eine gewisse Neigung zum Chaos ist also nicht von der Hand zu weisen, wobei dies durchaus positiv zu sehen ist, denn nur aus dem Chaos entwickeln sich *neue Ordnungen*. Dementsprechend sind Sie bereit, eingefahrene Gleise zugunsten neuer Wege zu verlassen und Abweichungen vom Plan als normal anzusehen, was Ihnen den Ruf eines unkonventionellen Querdenkers einbringt.

Es dürfte sich in Ihrem Erfahrungshorizont das Phänomen zeigen, dass Sie Menschen, die selbst in mehr oder weniger »chaotischen« Lebenssituationen stecken, anziehen (*schiefe Nase nach rechts*). Nach dem Gesetz der Resonanz scheinen Menschen mit schiefer Nase eine anziehende Wirkung auf Personen zu haben, die sich in derartigen Lebensumständen bewegen. In der Auseinandersetzung mit dem Gegenüber tritt oft bei beiden Parteien eine innere Klärung ein, die im Sinne von »Ordnung und Bewusstwerdung« interpretiert werden kann.

Ein Mensch mit **konvexem Übergang zwischen Knochen und Knorpel** ist eher in der Lage, bei seinen Entscheidungen zur Lebensgestaltung die Gefühle anderer Menschen sowie seine eigenen außen vorzuhalten. Dies kann sich jedoch auch wieder ändern: Finden wir die bei GEFÜHL beschriebene weiche und leuchtende Ausstrahlungsqualität des Gewebes, so ist die Wirkungsweise bei geradem Knochen-Knorpel-Übergang ähnlich. Ähnlich deshalb, weil die sich ausgebuchtet zeigende Gemütsausdruckszone auf Erfahrungen beruht, die nicht gelöscht werden können. Sie werden stets eine Wirkung auf das Erleben des Menschen haben. Wichtig ist zu verstehen, dass sich das Gemüt aufgrund von Erlebnissen geformt hat. Diese Erlebnisse waren zu ihrer Zeit für Sie prägend und die Verhaltensweise eine Antwort Ihrer Seele, um sich zu schützen.

Das Mittelgesicht wirkt eingefallen; dabei zeigt es gröberes Hautgewebe mit etwas Spannung: Der Kontakt zu anderen Menschen ist Ihnen weniger wichtig als die kontroverse Auseinandersetzung im Dialog. Sie haben die Fähigkeit, im Zusammenspiel mit anderen auch sehr schnell sachlich zu werden, sich auf Ihren Verstand zurückzuziehen und dadurch Abstand zu gewinnen.

Wenn Sie in Kontakt treten, dann haben Sie dafür einen ganz konkreten Grund und bringen diesen eher nüchtern an. Treffen Sie damit auf einen Gefühlsmenschen, dann hinterlassen Sie meist einen kühlen und distanzierten Eindruck. Sie haben die Eigenschaft, Ihre Gefühle strategisch-gezielt einzusetzen und erreichen damit, dass Sie zum Beispiel Projekte um der Sache willen vorantreiben.

»Bleib mir ja vom Leib – nein, komm mir ganz nah«: Diese Spielvariante, sowohl das eigene Kontaktbedürfnis als auch das Ihres Gegenübers mit Strategie zu lenken – ein Katz-und-Maus-Spiel zwischen Distanz und Nähe – dürfte ebenfalls großen Anklang bei Ihnen finden.

Stark gerötetes Hautgewebe im Bereich des Mittelgesichts gibt zu erkennen, dass Sie sich in einer starken emotionalen Drucksituation befinden. Ihr Herz-Gefühl belastet Sie und fordert über die Rötung auf, Ihre gegenwärtigen Lebensumstände zu überdenken. Dieses Gefühl verlangt demnach Klärung und Entspannung. (Über den auslösenden Impuls dieses Gefühls können wir nur durch die Kombination mit anderen Ausdrucksarealen Näheres sagen, wollen an dieser Stelle aber nicht darauf eingehen.) Ganz allgemein versetzen Drucksituationen den Menschen in ein emotional instabileres Niveau. Reizbarkeit und innere Unruhe nehmen in dem Maße zu, wie die seelische Belastbarkeit im zwischenmenschlichen Miteinander abnimmt.

Die Jochbeine (d.h. der Wangenknochenansatz unterhalb der Augen) zeigen, inwieweit Sie Widerstandskräfte gegen seelische Fremdbestimmung entwickeln können und ob Sie zu *aktiver Eigengesetzlichkeit* neigen. Je deutlicher und plastischer Ihre Wangenknochen modelliert sind, umso stärker sind diese Eigenschaften bei Ihnen ausgeprägt. Wann immer also in Ihnen der Verdacht aufkeimt, dass Ihr Gegenüber ungefragt in Ihren persönlichen Raum eindringt, wissen Sie sich Ihrer Haut zu wehren.

Dann kann es leicht vorkommen, dass Ihnen ein »Moment mal – nicht mit mir!« über die Lippen kommt. Auch das Aufstellen eigener Spielregeln ist in diesem Zusammenhang eine interessante Variante.

Fest steht, dass Sie über Fähigkeiten verfügen, sich klar und entschieden Ihrer Haut zu wehren. Sie sind eine unverbiegbare Persönlichkeit und wollen es auch bleiben.

Abstehende Ohren zeigen Innenspannungen mit dem Bestreben nach Veränderung und Widerspruch. Diese Spannungen erzeugen hohen Leidensdruck und geben dadurch den Anstoß zu geistiger, seelischer oder materiell motivierter Betriebsamkeit. Dabei werden Konfrontationen gewissermaßen gesucht, inszeniert und letztlich auch gefunden. Je mehr die Ohren vom Kopf abstehen, umso stärker wird der spürbare *Ausdruck* gelebt; er reicht von grundsätzlicher Ablehnung bis zur Zerstörung des Bestehenden.

Im Idealfall finden Sie zur inneren und äußeren Klärung, zu einer Art Harmonie, die sich nur deshalb einstellen konnte, weil ihr der Konflikt vorausgegangen war. Sind Ihre Ohren also abstehend, dann sind Sie ein veränderungswilliger Mensch, der geistig (*oberes Ohrdrittel abstehend*), seelisch (*mittleres Ohrdrittel abstehend*) und körperlich (*unteres Ohrdrittel abstehend*) ständig aktiv ist (z.B., wenn Sie das Gefühl haben, Ihr Stück vom Kuchen nicht erhalten zu haben). Dies resultiert aus einer inneren Anspannung und kann sich auch in zwischenmenschlichen Konflikten spiegeln. Sie haben jedenfalls keine Scheu davor, sich zu konfrontieren, wenn damit eine innerliche Erneuerung einhergeht.

Ungleich hoch angesetzte Ohren: Zwei Seelen wohnen ach in Ihrer Brust, zwischen denen Sie sich hin- und hergerissen fühlen. Einerseits wollen Sie sich verwurzeln und schätzen Traditionen (*tief angesetztes Ohr*). Andererseits streben Sie nach Zeitgeist und Moderne, sind offen für alles Neue und verzichten auf die vorher beschriebene Basis (*hoch angesetztes Ohr*). Bei der Zusammenführung beider Pole kommt es dann zu inneren Spannungen. Sie werden unruhig, sind hin- und hergerissen. Am besten schaffen Sie sich in diesem Konflikt ein Fundament, das sich als solide und tragfähig erwiesen hat, und stocken mit Neuem auf.

Ungleich große Ohren bringen seelische Spannungen mit sich. Während auf der linken Körperseite weibliche, mütterliche, private, innerliche, gestaltende Züge zum Ausdruck kommen, finden wir rechts männliche, väterliche, berufliche, äußerliche, darstellende Aspekte der Persönlichkeit.

Zeigt sich nun *ein Ohr groß*, so ist der Träger in seinem Verhalten von seelischem Mut beflügelt: Er begegnet dem Leben sehr stabil, forsch und nimmt neue Herausforderungen gerne an. Das andere *Ohr hingegen ist klein* und weist auf seelische Gehemmtheit hin, die sich in Unsicherheit, Introvertiertheit und Schüchternheit äußert. Aus diesem Zwiespalt heraus kommt es zu einem sehr kontrastreichen Verhalten – es fehlt »eine durchgängige Linie« in den verschiedenen Lebensbereichen.

Rote Ohren zeigen, dass Sie seelisch bewegt sind. Es kann durchaus sein, dass Sie nach außen ein kühles und gefestigtes Auftreten haben, innerlich tobt jedoch gerade ein starkes Gewitter, das heftige emotionale Turbulenzen mit sich bringt. Das, was in Ihnen vorgeht, berührt Sie, lässt Sie keinesfalls kalt.

Spitze Formbildung des äußeren Ohrrandes: Sie haben ein starkes seelisches Bedürfnis, an der Vervollkommnung Ihrer Persönlichkeit zu arbeiten. Daraus entsteht das Gefühl eigener Größe, ein starker Motor, der Sie antreibt, sich immerzu mit anderen zu vergleichen. Sie haben ein Idealbild von sich; die Herausforderung besteht nun darin, dieses Bild mit den tatsächlichen Gegebenheiten in Abgleich zu bringen.

Sie kennen Ihren eigenen Wert und können ihn selbstbewusst im Außen darstellen. Manchmal kommt es dann allerdings vor, dass Ihr Gegenüber sich sehr klein neben Ihnen fühlt.

Angewachsene Ohrläppchen: Aus einem seelischen Drang heraus können Sie sich, einer plötzlichen Eingebung folgend, zu spontanen Handlungen entschließen. Damit sind Sie wohl kein Vertreter der Devise »Spontanität will wohl überlegt sein!«.

Es ist, als ob bei Ihnen jemand einen Knopf drückt: »Hast du Lust auf eine Pizza in Verona?« – natürlich haben Sie Lust und schon sind Sie unterwegs. Das macht Sie für andere wenig berechenbar, denn wenn vereinbart war, sich am nächsten Morgen zum gemeinsamen Frühstück zu treffen, Sie aber noch auf dem Rückweg aus Italien sind, kann leicht der Eindruck beim anderen entstehen, dass Sie unzuverlässig sind.

Das Pallium ist lang, im Gesichtsprofil konvex und gespannt mit grobporigem Gewebe: Sie gehen entschlossen auf selbst gesteckte Ziele zu, die Ihrer ganz persönlichen Interessenslage entsprechen. Dabei sind Sie ehrgeizig und verstandesorientiert, um dorthin zu gelangen und können Gefühle völlig hintanstellen. Die Bedürfnisse anderer können Sie bei der Erreichung Ihrer eigenen Pläne ganz außer Acht lassen.

Damit entsteht ein hoher Anspruch, den Sie sowohl an sich selbst als auch an Ihr Gegenüber stellen. So passiert es sehr leicht, dass Sie Ihre eigene Messlatte zu hoch ansetzen und sich selbst unter Druck setzen.

Es dürfte Ihnen der Ruf vorauseilen, dass Sie willensstark, entschlossen und sachlich sehr engagiert sind. Bei der Wahrnehmung eigener Interessen, die sich im Pallium zeigen, stellt sich nie die Frage, *ob* wir Eigeninteressen haben, sondern immer nur, *wie* wir sie zur Geltung bringen.

Das Philtrum wirkt als Korrektiv: Davon profitieren zum Beispiel Freunde, die Familie und alle, die Ihnen etwas bedeuten. Auch sich selbst zuliebe können Sie Kompromisse eingehen: Dann ist das Philtrum wie bei STRUKTUR sehr schmal. »*Welches Philtrum?*«, werden Sie sich fragen – denn Sie haben keines. Die Fähigkeit, Kompromisse um des Kompromisses willen einzugehen, ist in diesem Fall bei Ihnen nicht sehr ausgeprägt. Sie tun sich schwer damit, die Bedürfnisse anderer Menschen selbstlos in Ihre Pläne und Ideen zu integrieren, weil für Sie die Idee vor allem anderen steht.

Ist das Philtrum im Übergang zum Nasensteg gerötet, so setzen Sie sich vermutlich durch ein übermäßiges Erfolgsstreben selbst unter Druck. Sie laugen sich aus in der Vorstellung, zu Ende führen zu müssen, was Sie angefangen haben.

Der Mund ist schräg angesetzt, die Lippenführung rechts und links unterschiedlich ausgeprägt: Sie sind ein Meister des Wortes und brillant im Karikieren oder Portraitieren menschlicher Eigenschaften. Sie treffen den Nagel auf den Kopf, manchmal so messerscharf, dass man Sie als Zyniker bezeichnen könnte. Auch der Tonfall, mit dem Sie Ihre Sätze modulieren, ist pointiert und untermalt eindrucksvoll das Gesagte. Sollte Ihnen jemand das Gefühl vermitteln, dass er sich über Sie stellt, so nutzen Sie Sprache, um ein für Sie ausgewogenes Verhältnis herzustellen. So wird der Gigant vor Ihnen auf ein für Sie akzeptables Maß zurechtgestutzt.

Wenn Sie Ihr persönliches Feingefühl trainieren und diese »Waffe« angemessen einsetzen, können Sie gut spüren, wann Sie aufhören sollten. Gelingt Ihnen das nicht (*schräg angesetzter Mund*), so zieht sich Ihr Gegenüber unter Umständen verletzt und gekränkt zurück.

Sie wechseln geschickt vom Gefühlvollen zum Formalen und umgekehrt. Das zeichnet die Dynamik Ihrer Worte aus (**rechts und links unterschiedlich ausgeprägte Lippenkontur**).

Spitze Mundwinkel: Sie haben diplomatisches Geschick und sind sprachlich wendig, klug berechnend und auf allen Ebenen kompromissbereit. Sie haben es gelernt, Ihre Gefühle im rechten Moment zurückzuhalten und höflich-formal zu erscheinen. Damit erreichen Sie Ihr eigentliches Ziel und umgehen unnötige Widerstände.

Das Kinn ist asymmetrisch, vorspringend und/oder kantig: In der Profilbetrachtung Ihres Gesichts springt das Kinn im Vergleich mit der Stirn vor. Das Kinn steht für den Tatimpuls, der Handlungen einleitet. Ihr vorspringendes Kinn drückt Ihre Bereitschaft zu impulsiven, raschen Handlungen aus. Dabei schießen Sie manchmal über das Ziel hinaus und neigen zu verfrühtem Handeln.

Betont kantiges Kinn mit gespanntem Hautgewebe: Sie haben ein starkes Gefühl für Ihre eigene Kraft und messen sich gerne mit anderen im Wettstreit. Sie sind also leistungsorientiert und suchen den Vergleich, die Auseinandersetzung mit dem Gegenüber. Ist Ihr Kinn *asymmetrisch,* so kann es sein, dass Sie sich selbst manchmal ein Rätsel sind: Sie haben sorgfältig hin- und herüberlegt, aber aus irgendeinem Grund (vor allem dann, wenn man Sie reizt!) kommt es zu Überreaktionen und unberechenbaren Handlungen. Dies gilt auch dann, wenn die Ecken Ihres Kinns gerötet sind.

Der Unterkieferbogen ist asymmetrisch, bei gespannter Kantigkeit: Ist Ihr Unterkieferbogen gespannt, dann führen Sie willensstark und körperlich dynamisch Ihre Handlungen aus. Sie bringen viel Energie auf, um das gesteckte Ziel zu erreichen. »Nur nicht nachlassen – niemals aufgeben«, so treibt Sie eine innere Stimme an.

Bei einer *asymmetrischen* Bildung erreichen Sie Ihr Ziel auch mit unorthodoxen, unkonventionellen Mitteln.

Ist Ihr *Unterkiefer kantig,* dann können Sie sehr, sehr beharrlich sein, Ihre Ziele zäh und ausdauernd verfolgen. Dabei kann die Balance zwischen der aufgebrachten Energie und den Verschleißerscheinungen oft nicht gewahrt werden.

Sie verfügen über ein enormes Aggressionspotenzial, also die Fähigkeit, Dinge anzugehen: Hindernisse sehen Sie als Herausforderungen, die es zu überwinden gilt. In diesem Sinne sprach Ihnen Victor Hugo aus der Seele, als er formulierte: »Nur Hartnäckigkeit verhindert, dass große Gedanken sterben!«

VISION

Haare Bewegung Stimme

Die *Haare* sind der Kräftespeicher des Menschen. An ihnen lässt sich über Glanz, Sprungkraft und Stabilität die momentane Spannkraft und Vitalität ablesen. Bei Ihnen sind die Haare mit vielen *Wirbeln* versehen und zeigen den Rebellen an, der auf der Suche nach dem Neuen, Unbekannten ist. Auch die Kraft, gegen den Strom zu schwimmen, ist eine Metapher für *gegen den Strich gehende Haare* (dabei sind zusätzlich noch viele weitere Ausdrucksareale am Seiten- und Hinterhaupt zu berücksichtigen, doch das würde den Rahmen dieses Buches bei weitem übersteigen).

Ergrauung schon in jungen Jahren zeigt an, dass der Körper mit übermäßigem Stress fertig werden muss, sei es durch Krankheit, Schock oder eine exzessive, energieverzehrende Lebensweise.

Bewegung und Stimme unterstreichen und beschreiben den vitalen Zustand, in dem Sie gerade schwingen: Ihre *Bewegungen* sind in irgendeiner Form übertrieben oder inszeniert, Ihr *Gang* ist gut hörbar, schnell und getaktet. Ihre *Stimme* kann schrill oder künstlich spitz klingen, auch schneidend, theatralisch oder dramatisch. In allen Fällen klingt sie nicht sehr natürlich.

Gehören Sie zu den schillernden Paradiesvögeln, die das Blitzlicht der Zukunft schon lang vor den anderen ahnen? Sind Sie be-*Geist*-ert von allem, was nicht der Norm entspricht, von skurrilen Situationen und extravaganten Menschen, revolutionären Ideen oder inspirierenden Gedanken? Dann dürften Sie eine Menge VISION in sich tragen! Ihr Denk- und Aktionshorizont ist breit, Sie sind voller charismatischer Ausstrahlung und fähig, großartige Perspektiven zu entwickeln. Vermutlich leben Sie näher an Ihrem Lebensziel als andere, denn Sie sind bereit, unkonventionell und unbequem zu denken und zu handeln.

Das gibt Ihnen neue Kraft

Wenn Ihre Schubkraft nachlässt, dann geben Sie ihr damit wieder neuen Zündstoff:

☺ *Kleine Freiheit Nr. 7: Extravaganz im Alltag*
Hat Sie der Alltag wieder einmal fest im Griff? Nichts als öde Telefonate und ein Gefühl von durchdringender Hohlheit im Kopf? Was Sie nun wieder fit macht, ist eine Portion Extravaganz, ein bisschen Luxus, ein kleines Highlight – und das hat nun wirklich nichts mit »Geld ausgeben« zu tun. Wir meinen damit beispielsweise das kühle Glas Wein in diesem besonders schönen Weinkelch aus dem Antiquitätenladen. Oder ein Spaziergang bei Vollmond, mitten in der Nacht. Ganz egal, was es für Sie bedeutet: Tun Sie etwas Ungewöhnliches und freuen Sie sich, denn dieses Gefühl kann Ihnen niemand nehmen!

☺ *Niemand ist eine Insel: Ein, zwei dauerhafte Verbindungen halten*
Die Gespräche waren elektrisierend wie Starkstrom, die Unternehmungen immer etwas ganz, ganz Besonderes und die Gefühle zwischen Ihnen beiden stark und kontrastreich. Und urplötzlich ging es nicht mehr weiter, ein Streit, ein scharfer Bruch und nun stehen Sie wieder einmal vor einem Scherbenhaufen. Trotzdem, es ist schön, ein Individualist, anders als andere zu sein! Deshalb möchten wir Ihnen Mut machen: Bleiben Sie, wie Sie sind – und sehen Sie es als Ihre Lernaufgabe an, gute Kontakte stabil zu halten und zu pflegen.

☺ *Schräg, schrill & Co*
»Der Förster vom Silberwald« ist mit Sicherheit kein Thema für Sie, auch die Sportschau dürfte Sie nicht sonderlich reizen. Und die guten, alten Beach Boys entlocken Ihnen wahrscheinlich nicht viel mehr als einen ausgedehnten Gähner. Sie brauchen Filme mit moralischen Abgründen und subtilen Dramen, grenzwertige Kunstwerke oder unorthodoxe Musik, welche die unterschiedlichsten Deutungen zulassen. Das inspiriert Ihren Geist und verleiht Ihrer Seele Flügel. Deshalb unser Tipp: Hingehen, wo es schön schräg ist und Leute treffen, die schrill sind!

Das raubt Ihnen Energie

☹ *Jeden Tag die gleiche Leier ...*
Fühlen Sie sich manchmal so, als müssten Sie im ewig gleichen Film jeden Tag dieselbe Rolle spielen? Die anderen Rollen dieser Daily Soap sind auch fest vergeben, der Drehort ändert sich nie und die Handlung wiederholt sich permanent? Dann wird es höchste Zeit, jeden Tag eine Kleinigkeit zu ändern! Machen Sie sich einen Spaß daraus, zu beobachten, wie sich dadurch Ihr persönliches Tagesdrehbuch verändert, und denken Sie daran: So klein der Stein auch sein mag, den Sie ins Wasser werfen, er wird Kreise ziehen ...

☹ *Zu viel Harmonie und Nähe*
Ihre neue Freundin würde am liebsten jede freie Minute mit Ihnen verbringen; wenn das nicht geht, dann telefoniert sie wenigstens dreimal täglich mit Ihnen, schreibt liebevolle SMS oder klemmt Ihnen kleine verbale Liebesschwüre an die

Windschutzscheibe. Ihr Neuer ist ein großer, lieber Teddybär, der am liebsten ganz eng mit Ihnen kuschelt: im Kino, auf dem Sofa – aber auch beim Zwiebelschneiden in der Küche oder im sowieso schon engen Badezimmer. Und Ihnen geht es damit gar nicht gut, denn Sie brauchen Ihre Freiräume. Wenn Ihnen jemand unaufgefordert auf die Pelle rückt, dann reagieren Sie höchst allergisch. Und das ist Ihr gutes Recht! Also: Wahren Sie Ihre Grenzen und sagen Sie höflich, aber bestimmt, was Sie nicht möchten.

☹ *Abhängigkeiten: Über den Wolken ...*
... muss die Freiheit wohl grenzenlos sein – so hat es Reinhard Mey ausgedrückt, und vermutlich spricht er Ihnen aus tiefster Seele. Freiheit und Unabhängigkeit dürften tatsächlich zu Ihren Lebenswerten gehören. Und gerade jetzt können Sie den seit langem geplanten zweimonatigen Südamerikaurlaub nicht nehmen, weil Ihre Kollegin sonst in Arbeit erstickt? Und gerade Sie mit Ihrer Qualifikation sollen jetzt zurückstecken und den Wiedereinstieg in den Beruf aufschieben, weil Ihre Kinder sonst unter Ihrer ganztägigen Abwesenheit leiden? Wir raten Ihnen: Bleiben Sie so unabhängig und frei wie möglich, dabei aber kompromissbereit, denn zu den meisten Extremen gibt es eine akzeptable Spielvariante, die allen Seiten gerecht wird!

Gespiegelte Gesichtshälften

Niemand hat ein absolut symmetrisches Gesicht, auch wenn dies auf den ersten Blick so scheint. Bei VISION treten zwar Asymmetrien deutlicher zutage als bei GEFÜHL, STRUKTUR oder REALITÄT, doch wir alle sind immer ein bisschen schief, krumm, nicht perfekt.

Diese Bilder zeigen es deutlich: Links sehen Sie die Dame im Original, in der Mitte haben wir die linke Gesichtshälfte gespiegelt, auf dem Foto rechts die rechte Gesichtshälfte. Es entstehen völlig unterschiedliche Frauenbilder, weit entfernt vom »Original«. Die Links-links-Spiegelung vermittelt mehr Fülle, Weichheit und Weiblichkeit, während die Rechts-rechts-Variante klarer, härter und straffer anmutet. Die richtige Mischung gibt es jedoch nur im »Original« – und deshalb werden Gesichter, die nicht ganz perfekt sind auch durchweg als sympathisch bewertet, wie Untersuchungen mit Foto-Testreihen belegen. Auch Sie gibt es nur im Original! Stehen Sie dazu und betrachten Sie sich als etwas Besonderes und Einmaliges.

Nicht ganz offensichtlich, aber von tiefer Bedeutung

Dem Verhalten jedes Persönlichkeitsanteils (GEFÜHL, STRUKTUR, REALITÄT und VISION) liegt eine tiefere Bedeutung zugrunde. Unser Gesicht zeigt also nicht nur an, welcher Grundstruktur wir im übertragenen Sinne folgen, sondern auch, wie wir unseren Lebensentwurf gestalten können bzw. wollen und wo der rote Faden unseres Lebens hingeht. Es zeigt auch, welche Grundcharakterzüge wir haben und wie wir sie leben.

Von STRUKTUR geht eine kühle Aura der Distanz aus. Der verstandesorientierte Mensch braucht viel inneren Raum, um sich in der Tiefe zu finden, zu verstehen, sich bewusst zu werden. STRUKTUR hat den Hang, Gefühle *verstehen* und nicht *erleben* zu wollen. Warum wirken Menschen mit vielen Strukturanteilen mitunter sehr stoisch, geben ihre Gefühle nicht preis? Wenn Signale der Zurückhaltung und Kontrolle gesendet werden, dann bedeutet dies wahrscheinlich, dass eigene Gefühle gegenüber anderen zurückgenommen werden. Dadurch bleibt STRUKTUR ein Stück weit unangreifbar und unverwundbar. *Ein distanzierter Auftritt verleiht Autorität* – und kann infolge der scheinbaren Unnahbarkeit beim Gegenüber ein Gefühl der Ohnmacht bewirken.

GEFÜHL trägt seine Emotionen nach außen und beschreibt einen Menschen, der sicher weit vom Krieger und Wettkämpfer entfernt ist. Lieber schenkt er seinen Mitmenschen ein Lächeln! Lächeln ist als Signal, als Mikrobotschaft an das Gegenüber zu verstehen: »Du hast nichts zu befürchten, ich bin dir wohlgesonnen!« Für GEFÜHL sind Sozialkontakte sehr wichtig. Diese Menschen suchen das Bad in der Menge, sie geben mit ihrem heiteren, beschwingten und offenherzig-interessierten Wesen zu verstehen, dass sie – in extremer Form – *Gemeinsamkeit selbst um den Preis der Unterordnung* brauchen und wünschen.

Auch VISION sucht das Bad in der Menge, will Akzeptanz erfahren, Anerkennung spüren und seine Einzigartigkeit durch Andersartigkeit erfahren. Je extremer diese Neigung, desto deutlicher sucht sich VISION zu erheben.

Die beiden sich daraus ergebenden Extreme bestehen in einem sich Unterordnen bei GEFÜHL und einem sich Überordnen bei Vision. In unserer Gesellschaft findet das Verhalten von GEFÜHL in der Regel Akzeptanz, weil Sichunterordnen sozial verträglich ist, Sichüberordnen jedoch auf weniger Gegenliebe stößt. In beiden Fällen handelt es sich jedoch um eine Art von Verhaltensauffälligkeit. Beide benötigen, ja benutzen vielleicht sogar ihre Mitmenschen, um sich darzustellen.

Der sich daraus ableitende Auftrag für beide Extreme liegt auf der Hand, denn zwischen dem Unterordnen und dem Überordnen liegt bekanntlich das Einordnen. Wir alle haben den Auftrag, unseren Platz als Individuen in der Gemeinschaft zu finden.

In Millionen von Jahren haben wir Menschen uns zu bewussten, denkenden Wesen entwickelt. Das wäre niemals möglich gewesen, wenn wir nicht immer wieder auf veränderte Bedingungen, zum Beispiel Klimawechsel, reagiert und nach Lösungen gesucht hätten, die letztlich unser Überleben sicherten. Was sich über einen langen Zeitraum hinweg bewährt hat, gilt auch für jedes einzelne Leben: Um im Fluss des Lebens zu bleiben, eine geistige, seelische und körperliche Reifung zu erfahren, müssen wir immer wieder neue Erfahrungen machen, die uns so lange tragen und Bestand haben, bis sie abgelöst werden von den nächsten, denn: »Panta rei – alles fließt« und »nichts ist beständiger als der Wandel«, meinte bereits Heraklit von Ephesos (536 – 470 v.Chr.).

Diesen »Circle of Life« haben wir auf Seite VIII in der Buchmitte bildlich dargestellt. Über den *inneren Kreis* kommt einmal mehr zum Ausdruck: Erst in der Akzeptanz und Integration all unserer Persönlichkeitsanteile runden wir uns zur Persönlichkeit, denn ohne Gefühlsoffenheit keine Sozialität, ohne Ruhe kein Plan, ohne Beständigkeit kein Wandel.

Der *äußere Kreis* der Graphik zeigt Verknüpfungspunkte oder Annäherungsmöglichkeiten zwischen den einzelnen Persönlichkeitsanteilen und beantwortet damit die Frage: Was verbindet einen Menschen mit viel GEFÜHL und einen Menschen mit viel REALITÄT? Worin sind sich REALITÄT und STRUKTUR ähnlich? Worin STRUKTUR und VISION? Und worin besteht der gemeinsame Nenner zwischen VISION und GEFÜHL? Dieser Ansatz hilft Ihnen dabei, mit Menschen umzugehen, die scheinbar nichts mit Ihnen gemeinsam haben und es zeigt sich: Gemeinsamkeiten gibt es immer!

Grundenergien, wie wir sie in Form unserer Persönlichkeitsanteile aufgezeigt haben, sind angeboren, aber es gilt: Durch veränderte Lebenssituationen oder bewusste Entscheidungen in der Lebensführung kommt es zu anderen Gewichtungen der Grundenergie, in der unser Leben jetzt gerade schwingt:

- Sie haben sich zu einem größeren Projekt wie zum Beispiel dem Bau eines Eigenheims entschlossen. Sie möchten einen Großteil der Arbeiten selbst ausführen. In dieser Lebenssituation verlangen Sie sich ein hohes Maß an Stärke

ab, die notwendig ist, um Hindernisse zu überwinden und körperliche Leistung zu bringen. Egal, welche Grundenergie Sie mitbringen – Sie werden immer über sich hinauswachsen müssen, nur so kommen Sie zum Ziel. Wenn dann der Einzug über die Bühne gegangen ist, können Sie wieder zu Ihrer alten Form, Ihrer typischen Grundenergie zurückkehren und die Früchte Ihrer Arbeit genießen. Ihr Körper könnte über die nun geforderte Dynamik und den ungewöhnlichen Kraftakt mit Gewichtsverlust und Muskelaufbau reagieren. Kommen Sie dann zur Ruhe, werden Muskeln abgebaut und die Pfunde sammeln sich wieder an.
- Sie quälen sich unruhig mit dem Gedanken, warum ausgerechnet Sie immer noch Single sind. Wo bleibt er, der Prinz (oder die Prinzessin) auf dem weißen Schimmel? Sie sind mitsamt Ihrem Körper in einem unausgewogenen energetischen Zustand. Das ändert sich schlagartig, sobald sich Ihr Seelenzustand mit dem Erscheinen des Traummannes oder der Traumfrau in Richtung »Das Leben ist schön« bewegt und Sie Ihre ureigene Energie strahlender leben können.

In unserem farbigen Psychogramm in der Mitte des Buches haben Sie bei jedem Persönlichkeitsanteil die Möglichkeit, durch Ankreuzen des gelben Feldes in den jeweiligen Ecken des Psychogramms auszudrücken, in welcher Energie Sie sich selbst oder den anderen in der gegenwärtigen Lebensphase sehen. Sie wissen gleichzeitig, dass sich dies wieder ändern kann. Und vielleicht erkennen Sie sogar, warum Sie beispielsweise im Moment in einer anderen Energie leben, als es Ihnen eigentlich gemäß ist – und können veränderte Körperformen an sich besser akzeptieren, Reaktionen Ihrer Mitmenschen besser verstehen!

Wir haben schon im einleitenden Text dieses Buches großen Wert auf die Feststellung gelegt, dass es uns nicht darum geht, eine neue Typologie zu kreieren. Ganz im Gegenteil: Wir sind der Meinung, dass jeder Mensch eine höchst individuelle Mischung aus allen vier Grundenergien in sich trägt, wobei meistens zwei in Kombination miteinander als erster Erkenntnisschlüssel klar zutage treten. So genannte »Reinformen«, das heißt eine Persönlichkeit, in der nur eine einzige Energie ausgeprägt ist, haben wir noch nicht gesehen; vermutlich gibt es sie nicht – oder sie ist zumindest sehr selten.

Um es nochmals zu betonen: Eine Persönlichkeit kann und darf nie »streng mathematisch« ausgewertet werden. Sie ist immer mehr, weitaus mehr als die Summe ihrer Einzelmerkmale; unsere Einmaligkeit rührt auch daher, weil ein unkalkulierbarer Faktor durch das Leben selbst entsteht, durch all die Punkte, die wir schon eingangs ausführlich beschrieben haben.

Manchmal sind wir unberechenbar, schwer zu verstehen und rätselhaft – und keiner weiß, warum. Wahrscheinlich hat es Khalil Gibran am besten erkannt, als er formulierte: »Wenn du das Ende von dem erreichst, was du wissen solltest, stehst du am Anfang dessen, was du fühlen solltest.«

Die Mischung macht's: Motivation & Psychogramm

Mit den folgenden Beschreibungen von jeweils zwei bzw. drei Hauptenergien in Kombination wird der Versuch unternommen, ein *mögliches* Psychogramm zu zeichnen, so, wie es sein könnte. Auch andere Varianten sind natürlich denkbar und zulässig. Aber Sie erhalten auf diese Weise eine erste Orientierung und können so größere Zusammenhänge erkennen. Denn wichtiger als das Beharren auf starren Psycho-Schematas erscheint uns die faszinierende Beobachtung, dass stets mehrere Energien in Harmonie oder Disharmonie miteinander wirken, dass sich diese Energien in einer Sekunde zu einem mächtigen Potenzial addieren (so ergibt die Summe aus 1+1 dann beispielsweise 5) und in der nächsten durchaus destruktiv wirken können (und die Summe aus 1+1 im Minusbereich liegt). In welchem der nachfolgenden Psychogramme finden Sie sich am ehesten wieder?

Struktur + Vision

Sich dynamisch einbringen und Veränderungen sensibel voranbringen.

Sie beeindrucken durch die Kombination aus messerscharfem Verstand, magischem Auftreten und machtvoller Ausstrahlung. Dadurch wirken Sie auf der einen Seite selbstbewusst, distanziert und glasklar – auf der anderen Seite ahnt Ihr Gegenüber völlig zu Recht, dass sich hinter der coolen, glatten Fassade ein impulsiv-dramatischer Mensch verbirgt, der seine Gefühle nur deshalb nicht nach außen dringen lässt, um die charismatische Aura von Unverwundbarkeit und

Überlegenheit nicht zu gefährden. Die »gewisse Volksnähe« fehlt Ihnen fast völlig. Sie nehmen das geschliffene Parkett in Besitz und stolpern nicht gerne auf Bierzeltbohlen herum. Ihr Leben erreicht Qualität und Tiefe, wenn Sie die Ihnen eigenen Extreme – über den Verstand kontrolliert und gemäßigt – nach außen tragen und Ihre Gefühle gleichermaßen integrieren können.

Wo Ratio und Magie eins werden,
liegt vielleicht das Geheimnis aller höheren Kunst.
Hermann Hesse

Auf der weniger entwickelten Seite findet sich ein Persönlichkeitstyp, der mit eiskalter Berechnung, kalt lächelnd und nicht wirklich (an)greifbar seine Pläne verwirklicht. Ein Gefühl des Unbehagens erfasst Otto-Normalverbraucher, wenn ein Mensch wie dieser den Raum betritt. Seine Extreme lebt er sarkastisch und zynisch über Worte aus, die wie Peitschenhiebe treffen. Damit verschreckt und verstört er seine Umgebung und verhindert, dass sich zwischenmenschliche Wärme entwickelt, die er doch innerlich so dringend zur eigenen Erwärmung benötigen würde. Auf diesem selbst gewählten Nährboden wachsen in der Folge nicht selten Isolation, Einsamkeit und Unverstandensein.

In künstlerischen Berufen mit Außenwirkung, wie zum Beispiel als Designer, Schriftsteller oder Model, im Management, als Staatsanwälte, Priester oder Politiker sind Sie bestens positioniert. Sie sind gerne Einzelkämpfer, eignen sich hingegen weniger für Berufe, in denen Team- und Sozialfähigkeit oder handwerkliche Qualifikationen erforderlich sind.

Im Rahmen eines Projekts überträgt man Ihnen somit am besten die Visionssuche, Managementaufgaben mit Delegationskompetenzen oder feingeistige künstlerische Teilbereiche.

- Addiert sich zu diesen beiden Grundenergien GEFÜHL, dann bekommt die Persönlichkeit mehr Zugänglichkeit, verliert jedoch ein Stück Klarheit.
- Wird sie mit REALITÄT ergänzt, entsteht mehr Verbindlichkeit und ein moderateres Auftreten, doch sie bringt auch mehr Schwere und Konformität mit sich.

Struktur + Realität

Dynamische Verwirklichung durch schrittweise
Umstrukturierung der Gegebenheiten.

Sie vereinen eindrucksvoll ernsthafte Zielstrebigkeit und verstandesorientiertes Handeln zu einer höchst effizienten Mischung, die langsam, aber sicher in allen Lebensbereichen zu konsolidiertem Wachstum führt. Vergleichbar mit einem zähen Lavastrom, der sich unermüdlich und unerbittlich voranschiebt, durchdenken Sie Ihre Lebenspläne, bevor Sie sie solide, fundiert und beneidenswert konsequent in die Verwirklichung bringen. Zur vollen Entfaltung kommen Menschen wie Sie deshalb selten in jungen Jahren und so gut wie nie als »Shooting-Star«. Ihre dezent nach außen vermittelten Qualitäten enthüllen sich oft erst nach Jahren und auf den zweiten Blick, sind dann aber dauerhaft wert- und gehaltvoll.

Auf der weniger entwickelten Seite findet sich ein Persönlichkeitstyp, der unerbittlich diszipliniert mit sich und anderen einen sturen Lebensplan verfolgt, den es unabhängig von Außenbedingungen einzuhalten gilt. Überstrukturierte Denkmuster und konservativ-rigide Ansichten bewirken, dass dieser Persönlichkeitstyp manchmal als schwerfällig, introvertiert und psychisch beladen wahrgenommen wird, was einen angenehmen Umgang mit ihm mühsam machen kann. Zäher Arbeitseinsatz über Jahre führt oft zu menschlicher Verarmung und dem Verlust an Lebensfreude. Die daraus resultierenden Probleme und Konflikte sitzen solche Menschen dann lieber aus in der Hoffnung, sich unauffällig aus der Affäre ziehen zu können.

Aufgrund Ihrer Vielfältigkeit sind Sie sowohl in administrativen als auch in technischen und kulturellen Branchen, aber auch in Finanz- und Naturberufen einsetzbar. Je nach Gewichtung Ihrer Persönlichkeitsanteile arbeiten Sie entweder in Berufen, in denen pflegeleichte Kultiviertheit oder gezähmte Natürlichkeit gefragt sind (z.B. als Umwelttechniker, Oberinspektor im Forstbauamt, Verkaufsleiter). Sie können teamorientiert arbeiten, aber auch Einzelgänger sein, eignen sich jedoch weniger für Berufe, in denen verbindliche Sozialkompetenzen notwendig sind. Der Show- und Medienbereich als Plattform der Selbstdarstellung ist Ihnen ebenfalls suspekt.

Im Rahmen eines Projekts überträgt man Ihnen am besten Teilbereiche mit Anforderungen an Detailwissen und die praktische Umsetzung von Etappenzielen mit Terminvorgaben.

Auch der längste Weg beginnt mit dem ersten Schritt.

- Addiert sich zu den beiden Grundenergien GEFÜHL, dann veredelt sich die Persönlichkeit mit mehr Schwung und Spritzigkeit, wird damit aber gleichzeitig abhängig von Wohlwollen und Atmosphäre.
- Wird sie mit VISION ergänzt, entsteht mehr Kontrast, aber auch mehr Widersprüchlichkeit und Unbeständigkeit.

Realität + Vision

Auf Realitäten innovativ reagieren und Visionen alltagstauglich machen.

Sie vereinen wie kein anderer Gegensätzlichkeiten und Widersprüchliches in sich. Dabei ist es für Sie selbstverständlich und ganz natürlich, Ihre Extreme unbeschwert auszuleben. Mit einer gesunden Mischung aus Selbsteinschätzung und verantwortlichem Handeln kreieren Sie im Idealfall pragmatisch, gleichzeitig aber mit Verve und gern gegen Widerstände die Bühne Ihres Schicksals. Dies prädestiniert Sie zum unabhängigen, zugänglichen Querdenker. Ihr klarer, stolzer Charakter lässt Sie sehr eindeutig wirken und befähigt Sie zu mutigen Entscheidungen.

Auf der weniger entwickelten Seite findet sich ein Persönlichkeitstyp, der unberechenbar, unergründlich und nachtragend in seinen Reaktionen ist. Vulkane können bekanntermaßen jederzeit ausbrechen – paradoxerweise dann, wenn man sich vermeintlich in Sicherheit wiegt und überhaupt nicht mit Gefahr rechnet. Dramatisch, laut, derb und unversöhnlich werden Szenen herbeigeführt, welche die Vermutung nahelegen, dass hier das Reptiliengehirn die Oberhand gewonnen hat: Wehe also, man hat solche Menschen zum Feind! Hat man sie zum Freund, so ist dies bestenfalls das kleinere Übel, denn ihr kontrastreiches Entweder-oder-Denken will vereinnahmen und mit Haut und Haaren verschlingen.

In künstlerisch-handwerklichen Berufen (z.B. als Goldschmied, Kostüm- und Maskenbildner), auch im Management sind Sie bestens aufgehoben. Sie wären eigentlich ein guter Teamarbeiter, arbeiten jedoch aufgrund Ihres Naturells oft als Einzelkämpfer.

> Um zur Quelle zu gelangen,
> musst du gegen den Strom schwimmen.
> *Stanislaw Jerzy Lec*

Im Rahmen eines Projekts überträgt man Ihnen am besten alle Teilbereiche, die Absolutheit, Klarheit und pragmatisches Handeln erfordern, zum Beispiel das Durchboxen von Budgets, das Einschüchtern von Kritikern, ein forsches Auftreten im Markt oder energisches Abteilungsmarketing.

- Addiert sich zu den beiden Grundenergien GEFÜHL, dann bekommt die Persönlichkeit mehr Weichheit und Leichtigkeit im Ausdruck, wird jedoch damit auch verbiegbarer und ist leichter zu beeindrucken.
- Wird sie mit STRUKTUR ergänzt, entsteht mehr Disziplin und die Bereitschaft zur Reflexion, aber auch mehr Kontrollbedürftigkeit und Steifheit.

Realität + Gefühl

Gegebenheiten ins Auge sehen und Machbares gefühlvoll umsetzen.

Sie beeindrucken mit einer liebenswerten Kombination aus interessierter Verbindlichkeit im sozialen Umgang, der intelligenten Verbindung aus Idealismus und Realismus sowie kommunikativem Esprit. Sie lieben das Leben, Menschen und Natur gleichermaßen. Sie finden zwischen Geben und Nehmen, Ich und Du, Innen und Außen eine harmonische Balance. Lebenserfolg bedeutet für Sie folglich, Ihr Leben facettenreich, kompromissbereit und behaglich einzurichten. Dieses gewinnt durch beharrliche, aber leichtfüßige Ausdauer und lebensfrohe Verantwortung an Fülle und Tiefe, wobei Sie sich selbst und Ihren Lieben treu bleiben.

*Im Grunde sind es immer die Verbindungen mit Menschen,
die dem Leben seinen Wert geben.
Wilhelm von Humboldt*

Auf der weniger entwickelten Seite findet sich ein Persönlichkeitstyp, der zu phlegmatischer Lässigkeit ohne Zielorientierung tendiert, dem es schwer fällt, seinen eigenen Weg zu gehen, ein individuelles Profil zu zeigen und Standpunkte mit Festigkeit zu vertreten. Sein Leben köchelt dann auf schwach-energetischem Niveau ohne Tiefgang dahin, denn ohne Durchsetzungskraft fehlen ihm Biss und Abgrenzung.

In verfeinerten Handwerksberufen (z.B. als Kunstmaler oder Kunstschreiner), in kultivierten Naturberufen (z.B. als Landschaftsgärtner, Gartenbauarchitekt, Florist), aber auch in sozialen Bereichen, in denen gleichermaßen Einfühlungsvermögen und Pragmatismus erforderlich sind (z.B. in der Alten- und Krankenpflege, der Arbeit mit Behinderten, als Sozialarbeiter) sind Sie am richtigen Platz. Sie sind ein guter Teamarbeiter, eignen sich jedoch weniger für Berufe, in denen abstraktes Retortenwissen der Hauptbestandteil der Tätigkeit oder isoliertes, stark eigenmotiviertes Arbeiten im stillen Kämmerlein erforderlich ist.

Im Rahmen eines Projekts überträgt man Ihnen am besten die lösungsorientierte Ideenfindung und -umsetzung, Aufbau und Pflege von idealistischen Zweckbündnissen und Netzwerken sowie diplomatische Vermittlungstätigkeiten.

- Addiert sich zu den beiden Grundenergien STRUKTUR, dann bekommt die Persönlichkeit mehr Klarheit und Dynamik, aber auch mehr (An-)Spannung.
- Wird sie mit VISION ergänzt, entsteht mehr Kontrast, aber auch mehr Widersprüchlichkeit und Unbeständigkeit.

Gefühl + Struktur

Sich vom Verstand leiten lassen,
um gefühlvoll zum Ziel zu kommen.

Sie brillieren mit espritvoller Kommunikation, schwingender Agilität und durchdachter Aktion. Getreu dem Motto »Er kam, sah und siegte« gewinnen Sie durch Ihre positive, kultivierte Lebenseinstellung viele Freunde und Bewunderer. Zur eigenen Darstellung bedienen Sie sich gerne der »Bühne Mensch«, auf der das Stück »Was kostet die Welt?« gegeben wird – und sind sich Ihrer Wirkung sehr bewusst. Ein strahlendes Lächeln nach dem Schlussapplaus überzeugt dann selbst die letzten Zweifler. Die Fangemeinde sollte sich allerdings mit Vorsicht wappnen, denn sie muss mit kühler Zurückweisung rechnen, sollte sie dem Star zu nahe kommen ...

Auf der weniger entwickelten Seite findet sich ein Persönlichkeitstyp, der zur luxus- und konsumorientierten Oberflächlichkeit neigt, der sich und andere mit wichtigtuerischem Showgehabe blendet und außer einer schönen Hülle wenig charakterliche Festigkeit bieten kann. Mangelnde Konzentration, Ernsthaftigkeit und echtes Interesse am Gegenüber verhindern, dass sich ein Leben in Qualität und Bewusstheit entwickeln kann.

*Ich liebe das Leben,
weil ich darin auftreten darf.
Pavel Kohout*

In kreativen Branchen mit Außeneffekt wie zum Beispiel bei Film, Theater und Fernsehen, in der Musik-, Mode- und Marketingszene, der Hotellerie oder Consultant-Branche sind Sie daheim. Sie sind ein guter Teamarbeiter und können bei entsprechender Lebensentwicklung auch gut organisieren sowie perfekte, differenzierte Arbeiten abliefern. Sie eignen sich in keinem Fall für administrative Routinetätigkeiten im stillen Kämmerlein, als stempelschwingender Behördenangestellter oder für Naturberufe.

Im Rahmen eines Projekts überträgt man Ihnen am allerbesten die Herstellung von Kontakten, das Ausarbeiten von spritzigen Präsentationen, das

Abteilungsmarketing oder das Wahrnehmen von repräsentativen Aufgaben im öffentlichen Leben.

- Addiert sich zu den beiden Grundenergien REALITÄT, dann bekommt die Persönlichkeit mehr Bodenständigkeit und Ursprünglichkeit im Ausdruck, aber auch mehr Schwere und Verhaftetsein.
- Wird sie mit VISION ergänzt, entsteht mehr Bewegung und ein Bedürfnis nach unkonventionellem Verhalten, aber auch mehr Sprunghaftigkeit und Abhängigkeit von Launen.

Gefühl + Vision

Emotional loslassen können und Neues mit Fingerspitzengefühl auf den Weg bringen.

Vielfältige, bunte und sich widersprechende Gefühle gehören zu Ihrem Leben wie Salz in die Suppe: Und dabei handelt es sich nicht um eine Prise, sondern um eine gehörige Portion! Dies charakterisiert Sie als eine phantasievolle, kreativlebendige Mischung aus Hingabe, Veränderungsbereitschaft und den daraus resultierenden Kontroversen. Sie können sich jederzeit auf neue Herausforderungen einlassen – denken, fühlen und leben grenzenlos und flexibel. »Nichts ist unmöglich« – diesen Ausspruch könnten Sie geprägt haben; mit dieser Grundeinstellung erfinden Sie sich immer wieder neu in einer durchaus widersprüchlichen, gleichzeitig aber gefühlvollen Interaktion mit Ihrer Umwelt. Eigene Erfahrungen schulen in Ihnen ein tiefes Verständnis für die emotionalen Wechselfälle des Lebens und erlauben Ihnen, das Leben so anzunehmen, wie es kommt, alles zuzulassen, was sich bietet.

Auf der weniger entwickelten Seite haben wir es hier mit einem Persönlichkeitstyp zu tun, der vor allem sich selbst, aber auch seiner Umwelt mit ausgeprägt hysterischen, unbeständigen Reaktionen das Leben schwer macht. Auffallen um jeden Preis, um dadurch Anerkennung zu erheischen oder sich auf Kosten anderer emotional zu sättigen, gehören ebenso zu ihm wie die Neigung, sich und die eigene Befindlichkeit in den Vordergrund zu stellen. Dabei spielt es keine Rolle, ob eigene Interessen in Eigengesetzlichkeiten umgewandelt werden oder strategisch inszenierte Launen zur Zielverwirklichung herhalten müssen. Das sich daraus ergebende soziale Drama liegt klar auf der Hand: Menschliche Verbindungen ohne Verbindlichkeit halten auf Dauer selten solchen Belastungen stand – und damit kann sich Einsamkeit im Leben breit machen, wo ursprünglich Nähe und Gefühlsoffenheit gewünscht waren.

Mit sich beginnen, aber nicht bei sich enden,
bei sich anfangen, aber sich nicht selbst zum Ziel haben.
Martin Buber

In künstlerischen Berufen (z.B. als Improvisationskünstler, Free-Jazzer, Action-Painter), aber auch in Sozialberufen, die einen spontanen, unorthodoxen Einsatz fordern (z.B. in der Betreuung von psychisch belasteten Menschen) können Sie sich wiederfinden. Sie sind ein guter Teamarbeiter, haben jedoch aufgrund Ihres Naturells auch ein hohes Bedürfnis nach Alleindarstellung.

Im Rahmen eines Projekts überträgt man Ihnen am besten alle Teilbereiche, die nach Fingerspitzengefühl im Umgang mit Außenkontakten verlangen und gleichzeitig die Idee als solche präsentieren.

- Addiert sich zu den beiden Grundenergien REALITÄT, dann bekommt die Persönlichkeit mehr Verbindlichkeit und Beständigkeit, aber auch mehr Unflexibilität und Schwere.
- Wird sie mit STRUKTUR ergänzt, entsteht mehr Klarheit und die Bereitschaft zur Reflexion, aber auch mehr Kontrollbedürftigkeit und Steifheit.

Viiiel Gefühl + Realität + Struktur

Gefühlvoll, warmherzig und klar das Machbare im Auge haben.

Sie leben als zarte, weiche Mischung aus gefühlvoller Umsetzung, verbindlicher Menschlichkeit und friedlicher Überlegenheit. Dadurch wirken Sie ausgewogen, sozial und warmherzig. Eine starke Schulter zum Anlehnen ist Ihnen mindestens genauso wichtig wie der Rückzug ins behagliche Heim, wobei Sie ganz bewusst den Wert einer Karriere um jeden Preis klug und kritisch hinterfragen. Deshalb setzen Sie Ihre persönlichen Schwerpunkte eher in der häuslichen und familiären Geborgenheit. Ihre volle Entfaltung erreichen Sie, wenn Sie Ihr »Unternehmen Familie« erfolgreich führen, Round-table-Gespräche mit lieben Freunden in entspannter Atmosphäre führen – und Ihr Leben mit einem Quäntchen Berufstätigkeit akzentuieren können.

Auf der weniger entwickelten Seite findet sich ein Persönlichkeitstyp, der sich den zweifelhaften Ruf eines Stubenhockers oder der Familien-Glucke erworben hat. Seine Weichheit wird dann zu Weichlichkeit, seine Zartheit endet mit Verzärtelung: In unkritischer Harmoniebedürftigkeit hält er die Hand über seine Lieben und verteidigt sie auch dann noch mit Nachdruck, wenn unübersehbar geworden ist, dass ein klares Wort jetzt Wunder wirken könnte. Seine Umgebung empfindet ihn als labil, gefühlsduselig und nicht belastbar. Hat er aufgrund dessen Anpassungs- oder Durchsetzungsschwierigkeiten, dann fühlt er sich resigniert, deprimiert und am Boden zerstört.

Die besten und schönsten Dinge in der Welt
können weder gesehen noch berührt werden ...
aber man spürt sie im Herzen.
Helen Keller

Sie sind in sozialen und caritativen Berufen (z.B. als Krankenschwester, Altenpfleger), in handwerklichen Dienstleistungsbranchen (Friseur, Florist, Gestalttherapeut) und vor allem in der Arbeit mit Kindern (Erzieher, Lehrer) daheim. Sie sind ein ausgezeichneter Teamarbeiter, eignen sich hingegen weniger für

Berufe, in denen kühl-technisches, entseeltes Arbeiten ohne vertraute Atmosphäre erforderlich ist.

Im Rahmen eines Projekts überträgt man Ihnen am besten Bereiche, in denen ein Zuarbeiten wichtig ist. Werden Sie liebevoll an die Hand genommen, dann sind Sie zu großem Engagement fähig, müssen aber über motivierende Bestätigung immer wieder Ihren Wert innerhalb eines Teams klar erkennen.

Gefühl + viiiel Struktur + Realität

Sich vom Verstand leiten lassen, um gefühlvoll zum Ziel zu kommen.

Man darf Sie zu Recht als temperamentvolle Mischung aus strukturierter Klarheit, gefühlvoller Extrovertiertheit und bodenständiger Umsetzung bezeichnen. Dadurch wirken Sie authentisch, ausgewogen, durchdacht und auf eine kontrastreiche Weise homogen in sich selbst. Ihre volle Entfaltung erreichen Sie, wenn Sie in herzlichem Miteinander fundiertes Wissen oder eigene Kreationen mit kultiviertem Temperament präsentieren oder vermitteln können. Sie wirken extrovertiert und kontaktfreudig, dabei aber auf ernsthafte Weise verbindlich und an Tiefgang interessiert.

Auf der weniger entwickelten Seite findet sich ein Persönlichkeitstyp, der sprunghaft-aggressiv und durchaus kämpferisch seine Ziele verwirklichen will. Oft jongliert er erfolglos zwischen Gefühl und Verstand oder Nähe und Distanz, um sein Leben in balancierte Ausgewogenheit zu bringen. Seine Umgebung empfindet ihn als schwierig und unbequem, als provokant oder »gegen den Strich gebürstet«. Hat er aufgrund dessen Anpassungsschwierigkeiten oder Hierarchieprobleme, dann erscheint er zwar äußerlich feurig-frustriert oder cholerisch, ist aber innerlich zutiefst getroffen und ratlos, weil die Welt ihn nicht versteht.

Aufgrund Ihrer Vielfältigkeit sind Sie sowohl in administrativen als auch in kreativen und kulturellen Branchen, aber auch in verfeinerten Naturberufen einsetzbar. Je nach Gewichtung der Persönlichkeitsanteile arbeiten Sie entweder dort, wo spritzige Kultiviertheit mit Durchsetzung oder kultivierte Natürlichkeit mit Schwung gefragt sind (z.B. als Leiter/in einer Werbeagentur, in der Personalentwicklung, als seriöser Talkshow-Moderator). Sie sind dabei teamorientiert und sozial-verbindlich, kombinieren dies aber auch gern mit Phasen, in denen Sie alleine arbeiten können. Sie eignen sich nicht gut für Berufe, in denen abstrakte Routinetätigkeiten, Buchhalterqualitäten und leidenschaftslose Formularquälerei notwendig sind.

Allein den Feuerköpfen, die kaltes Blut zu bewahren wissen,
gehört die Welt.
William Somerset Maugham

Im Rahmen eines Projekts überträgt man Ihnen am besten selbständige Teilbereiche, in denen Sie eigenverantwortlich und selbständig wirken können. Je vielfältiger die Bandbreite des Aufgabengebiets hierbei ist, umso besser. Wichtig ist ein differenziertes Arbeiten ohne langweilige Routine, wobei sich Inhouse- und Outdoor-Aktivitäten gerne abwechseln dürfen.

Alles ist relativ!

Im vielfältigen Bereich der Physiognomik gibt es einen weiteren wichtigen Gesichtspunkt: Wenn Sie im Schwimmbad vom Beckenrand aus den Fünfmeterturm betrachten, so kann Ihnen dieser relativ niedrig vorkommen. Und der forsche Muskelmann, der oben kehrtmacht und die Leiter rückwärts wieder heruntersteigt, mag Ihnen relativ feige erscheinen. Nehmen Sie jedoch eine andere Perspektive ein, zum Beispiel ebenfalls auf dem Sprungbrett dort oben, könnten Sie relativ schnell Ihre *An*-sichten revidieren, denn nun haben Sie völlig andere *Aus*-sichten!

Genauso müssen wir vorgehen, wenn wir Gesichter interpretieren, ein Face Reading vornehmen. Bezeichnen wir zum Beispiel ein Kinn als *gerundet* und das andere als *kantig*, dann müssten wir – um korrekt unterscheiden zu können – die ganze Bandbreite zwischen den beiden Begriffen mitberücksichtigen. Wir beschränken uns bei unseren Aussagen jedoch darauf, eine Unterscheidung zu treffen wie: »Dieses Kinn ist im Vergleich zu einem gerundeten Kinn relativ kantig«. Daraus resultiert dann die Relativität der Interpretation.

Bei einer Face-to-face-Analyse kommen über Mimik, Gestik und die Stimme zusätzlich viele Eindrücke bei uns an, die uns im Vergleich zu Foto-Analysen eine Fülle von zusätzlichen Mikrobotschaften liefern. Diese müssen unbedingt mit in die Ergebnisse eingebunden werden!

Nicht zu vergessen und auf keinen Fall zu unterschätzen sind auch intuitive Einsichten, die von Angesicht zu Angesicht abgefragt und hinterfragt werden können. Im Dialog mit unserem Gegenüber machen wir Eindrücke bei weitem nicht allein vom gesprochenen Wort abhängig, sondern in erheblichem Umfang auch von nonverbalen Botschaften. Entscheidend für Entscheidungen ist also nicht die Sachebene, sondern die Beziehungsebene, die sich in Kombination mit nonverbalen Botschaften erst so richtig entwickelt.

Ein weiterer Pluspunkt, den Face-to-face-Analysen haben: Wir können sprachliche Missverständnisse und Fehlinterpretationen gleich an Ort und Stelle klären.

Die Alchimisten aller Epochen arbeiteten nach dem Grundsatz »solve et coagula« = trenne und verbinde: Auf die Analyse folgt die Synthese! Wir dürfen nie vergessen, dass die Aussage über ein einzelnes Ausdrucksareal immer in das große Ganze des Gesichts und im Zusammenspiel mit dem Körper zu sehen ist. Andere Areale im Gesicht stärken oder schwächen womöglich die ursprüngliche Aussage, und so findet letztlich mehr und mehr eine Synthese statt, die den Menschen in seiner Ganzheit berücksichtigt.

In unseren Seminaren und in privaten Analysen werden wir häufig gebeten, den Geschäftspartner, Familienangehörige oder Freunde unserer Klienten zu analysieren. Meistens weiß derjenige, über den eine Auskunft eingeholt wird, nichts davon – und kann in keiner Form Stellung zur Interpretation beziehen. Abgesehen davon, dass solche Analysen gerade deshalb einen sehr einseitigen Charakter haben, stellt sich die Frage, wie gehaltvoll Aussagen sein können, die nur auf zweidimensionalen, statischen Abbildungen beruhen. Wissenschaftler, die Untersuchungen mit Fotomaterial durchführen und durchgeführt haben, sollten sich genau diese Frage dringend stellen; denn wirklich aussagekräftige Ergebnisse können unserer Ansicht nach nur dann erzielt werden, wenn sie den lebendigen Menschen mit berücksichtigen.

Grundsätzlich ist in unseren Augen diese Methode – nicht nur für Forschungszwecke, sondern auch für Analysen – ungeeignet. Wir halten sie aber für sehr gut geeignet, um während eines Seminars (oder in diesem Buch) Formen unterscheiden zu lernen.

Und genau darum geht es auf den folgenden Seiten: Wir laden Sie ein, das bisher Erfahrene an konkreten Beispielen und spielerischen Aufgaben für sich fassbarer zu machen.

Gesucht: Der geniale Allrounder

Haben Sie in der letzten Zeit einmal die Stellenannoncen Ihrer Tageszeitung studiert, oder waren Sie vielleicht sogar selbst auf der Suche nach einem neuen Arbeitsplatz? Dann ist Ihnen sicherlich aufgefallen, dass Firmen immer häufiger den Allrounder mit präzisen Fachkenntnissen suchen, der kreativ querdenkt, sich jedoch an die Firmenkultur anpasst, der absolut teamfähig ist und gleichzeitig ein hohes Maß an Einzelkämpfertum einbringt. Er kann typischerweise zwanzig Jahre Berufserfahrung aufweisen, ist dabei aber selbst nicht älter als dreißig, hat studiert und steckt gleichzeitig voller Praxiserfahrung im handwerklichen Bereich.

Und nun sitzen Sie selbst einmal in der Position eines Personalchefs. Sie haben die unten stehende Annonce formuliert, auf die sich eine Flut von möglichen Kandidaten gemeldet hat:

VERSORGUNGSINGENIEUR

mit fundierten Kenntnissen in der Gebäudeleittechnik für anspruchsvolle Aufgaben im Energiemanagement gesucht.

Sie arbeiten zuverlässig und gründlich, sind dabei flexibel und nehmen neue Herausforderungen gerne an. In unser Team können Sie sich gut einordnen, sind bereit zur Zusammenarbeit und vertreten uns selbstbewusst nach außen: Zu Ihren Aufgaben gehört es, unsere Abteilung firmenintern in Meetings, Konferenzen und extern auf Messen zu repräsentieren. Deshalb setzen wir voraus, dass Sie Freude am Umgang mit anderen Menschen haben und es Ihnen leicht fällt, verbal in Aktion zu treten.

136 Gesucht: Der geniale Allrounder

Sehen Sie sich nun Herrn B. Werber genau an:

 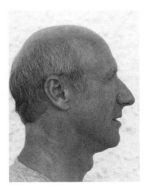

Passt er ins Profil? Welche Eigenschaften kann er gut, welche weniger gut ausfüllen? Wo sehen Sie, ob er die vom Unternehmen geforderten Anforderungen erfüllt? Und wie erkennen Sie, ob Ihr Kandidat ins Team passt?

Auflösung:
Aufgrund der betonten Unterstirn (und entsprechenden Zeugnissen!) können Sie ein hohes Maß an technischem Verständnis, rationaler Argumentation und analytischem Denken voraussetzen.

Über das zum Nasensteg hin angeschrägte Pallium zeigt unser Kandidat die Anlage, seine Angelegenheiten sehr anspruchsvoll – man könnte beinahe sagen, mit perfektionistischem Anspruch – erledigen zu wollen.

Seine lange, gerade Nase lässt auf planmäßiges Handeln und das Erwägen vieler Möglichkeiten schon während der Vorbereitung schließen. Die in der Profillinie weit aus dem Gesicht hervortretende Nase zeigt wissensdurstiges Interesse an Informationen.

Da er mit seiner eingebuchteten Nasenwurzel das Bedürfnis hat, in Ruhe zu verinnerlichen, was in seinem Denk- und Erkenntnisvermögen gespeichert ist, sind seine Vorgesetzten gut beraten, ihm genügend Zeit zu geben, bevor sie ein Statement zu einem Thema abfordern. Auf diese Weise kann er sein Know-how in vollem Umfang zur Verfügung stellen und nicht nur mit oberflächlichen Schlagworten beeindrucken.

Herausforderungen nimmt unser Bewerber sicher gerne an, wenn sie sachlich und fachlich vertretbar sind – und ihm Freiraum zu selbstbestimmtem Handeln geben. Dann kann er sich durchaus in ein neues Wissensgebiet hineinvertiefen und dabei ohne große atmosphärische Ansprüche zielorientiert arbeiten. Er eignet sich auch für ein Team, wird dort jedoch eher distanziert und autark agieren. Dies wird durch das flache Mittelgesicht angedeutet, das im Zusammenhang mit seinen tief liegenden Augen (Beobachter) und dem schmalen Mund darauf hinweist, dass Kontaktfreude, Sprech- und Redefähigkeit schwächer ausgeprägt sind und sich, sofern keine engere freundschaftliche Bindung zu den Kollegen und Vorgesetzten besteht, auf sachliche und formale Äußerungen beschränken.

Die Fähigkeit zu Flexibilität ist – ganz pauschal gesprochen – aufgrund der hohen Strukturanteile in seiner Persönlichkeit eher weniger gegeben. Viel eher besteht das Bedürfnis, in einem geordneten und geregelten Arbeitsumfeld verstandesorientiert, ehrgeizig und zielstrebig den Möglichkeits- und Kompetenzrahmen auszuschöpfen.

Ein Tag im Leben des Herrn X

Guten Morgen, liebe Leserinnen und Leser!

Darf ich mich Ihnen vorstellen? Mein Name ist nicht Bond, James Bond. Nennen Sie mich einfach Liebig, X.B. Liebig.

Ich will Ihnen nachfolgend einen Tag aus meinem Leben schildern, Ihnen aus meinem Alltag erzählen. Bitte lesen Sie meine Geschichte aufmerksam und gleichen Sie im Anschluss die beiden unten abgebildeten Fotos mit dem Inhalt ab. Nachdem Sie nun schon einen »physiognomischen Blick« entwickelt haben, dürfte es Ihnen leicht fallen, zu erkennen, welche Eigenschaften und Aussagen zu welchem Ausdrucksareal meines Gesichts passen. So können Sie anschließend das Ergebnis Ihrer Analyse einem der beiden Fotos zuordnen. Welcher von den beiden bin ich?

Viel Spaß beim Lesen, Beobachten und Zuordnen!

Mein Wecker klingelt um sechs Uhr, auch am Wochenende. Ich bin Frühaufsteher und liebe es, den Tag zeitig zu beginnen. Dabei muss ich nicht gleich anfangen zu reden, das überlasse ich lieber meiner Frau, bei der sich scheinbar über Nacht schon wieder jede Menge Fragen aufgestaut haben. Ich lasse sie reden, überhaupt bin ich eher Zuhörer und Beobachter als Volksredner.

Mein morgendliches Hygieneritual dauert exakt zehn Minuten, da sitzt jeder Handgriff. Schnell noch ein Blick in die Tageszeitung, bevor ich das Haus verlasse: Ich suche mir gezielt Informationen, die mich interessieren. Man kann schon sagen, dass ich ein Praktiker bin, am liebsten beschäftige ich mich mit Naturwissenschaft, technisch-analytische Gedankengänge mit konkretem Ergebnis sind meine große Stärke. Das soll nicht bedeuten, dass ich nicht sensibel auf andere zugehen könnte – aber um den heißen Brei herumreden, Smalltalk oder Dampfgeplauder – das ist nicht mein Ding. Ich kann manchmal auch zynisch reagieren, wenn ich in Situationen komme, die dies von mir fordern.

Meinen Arbeitsweg lege ich mit dem Auto zurück, nutze ihn aber, um die neuesten Nachrichten zu hören, Sprachen zu lernen, zu essen usw.

Es macht mir viel Freude, meinen Körper technisch präzise zu bewegen. Ich treibe sehr gern Sport, denn Bewegung tut einfach gut. Das können Waldläufe sein (bei denen ich übrigens meine besten Ideen habe), Tennis, Inline-Skaten, Alpinskifahren oder auch Austoben bei Musik, zum Beispiel beim Tanzen.

Ich mag keine Vorgesetzten und bin deshalb am liebsten mein eigener Herr. Kompromisse gehe ich nur ein, wenn sie unumgänglich sind, zum Beispiel, um ein übergeordnetes Ziel zu erreichen oder um vorübergehend eine Atmosphäre zu wahren. Ich arbeite in einem kleineren Unternehmen, in einen anonymen Großbetrieb passe ich nicht so gut. Das Team ist überschaubar, wir pflegen einen netten, menschlichen Kontakt untereinander. Das ist mir durchaus wichtig, ich mag herzliche, freundliche Verbindungen, wenn auch nicht ununterbrochen. Deshalb klinke ich mich mittags auch gerne mal aus und ziehe mich zurück.

Ach, bevor ich es vergesse: Heute hat eine Bekannte von mir Geburtstag. Ich dachte daran, ihr ein Fachbuch zu schenken. Aber ich habe beobachtet, dass sie große Freude an Blumen hat, denn sie erzählt oft von ihrem Garten, wenn wir in der Mittagspause zusammensitzen. Deshalb radle ich jetzt noch schnell beim Gartencenter vorbei und besorge ihr dort etwas Nettes.

Weiterbildung halte ich in der heutigen Zeit für sehr wichtig. Ich habe immer schon gerne gelernt und freue mich, wenn ich neues Wissen dazubekomme. Ich finde es viel spannender, Wissen anzusammeln als Geld und Güter. Das kann mir niemand mehr nehmen – und es bereichert mich mehr als äußerlicher Wohlstand, und gleichzeitig ist Geld zu haben auch für mich kein Hindernis und etwas sehr Angenehmes.

Wenn möglich gehe ich pünktlich nach Hause. Was an Leistung nicht innerhalb von acht bis zehn Arbeitsstunden passiert ist, das geht meines Erachtens auch mit einem höheren Zeiteinsatz nicht mehr. Meine Devise lautet: sich auf die Arbeit konzentrieren, zielgerichtet zur Tat schreiten und dann beharrlich dranbleiben und Dinge umsetzen. Manchmal werde ich innerlich schon ungeduldig, wenn ich mit Menschen in Kontakt komme, die nur reden, reden und nochmals reden – aber nichts tun! Erfolg hat für mich drei Buchstaben: TUN! Wie heißt es doch so schön: Der Weg ist das Ziel.

Zu Hause angekommen, brauche ich erst mal eine halbe Stunde Rückzug. Inzwischen hat meine Frau verstanden, dass ich abschalten muss. Ich erzähle ihr zwar gerne auch mal aus meinem Seelenleben, aber dafür brauche ich den richtigen Zeitpunkt. Wildfremde allerdings lasse ich nicht so gerne auf den Grund meiner Seele schauen. Da muss für mich erst einmal eine gute, solide freundschaftliche Basis hergestellt sein, bevor ich mich öffnen kann.

Oft geschieht dies bei einem guten Essen in geselliger Runde. Man glaubt es ja kaum, so schlank wie ich bin, aber ich kann ordentlich was vertragen! An einem guten Gespräch nach dem Essen liegt mir viel, ich höre dann gerne zu und erfahre Neuigkeiten aus meinem Freundeskreis. Dann erzähle ich auch, wie es mir im Moment geht.

Wie bin ich? Wer bin ich?
Warum bin ich, wie ich bin?

Hallo, liebe Leserinnen, lieber Leser, ich bin Vera Binich.

Neben vielen anderen Eigenschaften habe ich eine, die Sie hoffentlich mit mir teilen: Ich spiele gerne! Deshalb möchte ich Sie zu einem kleinen Spielchen mit Lerneffekt einladen, das ich mir für Sie ausgedacht habe. Nachdem ich auch sonst gewohnt bin, mich geistig anspruchsvoll zu bewegen, habe ich es Ihnen nicht leicht gemacht:
Nachfolgend finden Sie einige für mich ganz typische Eigenschaften. Die meisten davon sind richtig, aber einige darunter stimmen nicht!

In der zweiten Übersicht finden Sie – natürlich gut durchgemischt – die zu meinen Eigenschaften passenden Ausdrucksareale meines Gesichts.
1. Bitte finden Sie nun heraus, welche Eigenschaften zu welchen Ausdrucksarealen passen.
2. Dann bitte ich Sie, mein Gesicht aufmerksam zu studieren: Welche Eigenschaften entdecken Sie aufgrund der Ausdrucksareale *nicht* in meinem Gesicht? Bei welchen Aussagen habe ich also geschwindelt?

Viel Spaß und Erfolg dabei!

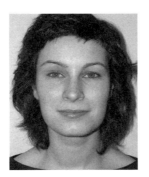 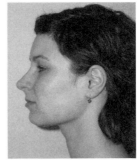

Die Aussagen

1. Ich spreche gern.
2. Ich sehe das große Ganze einer Angelegenheit.
3. Ich habe ein offenes Ohr für die Sorgen meiner Mitmenschen und kann gut zuhören.
4. Ich bin kontaktfreudig und kann gut auf Menschen zugehen.
5. Ich kann mich gut durchsetzen.
6. Ich kann mich wertschätzend abgrenzen.
7. Ich arbeite gern im Team und bin hilfsbereit.
8. In der Wahrnehmung meiner Interessen bin ich megastark und kompromisslos.
9. Ich kann mich rasch regenerieren; habe Kraft und Power ohne Ende!
10. Ich bin eine Genießerin, habe viele Wünsche und bin sehr wählerisch.
11. Ich werde leicht hektisch, wenn ich mich überfordert fühle; dann flippe ich schon mal aus.
12. Ich bin eine treue Seele und sehr loyal.

Die Ausdrucksareale zu den Aussagen

1. Die Kombination aus Struktur und Gefühl bewirkt in diesem Fall, dass an Menschen, zu denen eine gefühlsmäßige Bindung und Atmosphäre aufgebaut wurde, festgehalten wird.
2. Augen sind weitstehend.
3. Mittlerer Ohrbereich betont.
4. Mittelgesicht tritt gut hervor, Augen sind groß.
5. Breiter Mund, große Augen.
6. Jochbeine deutlich sichtbar, aber weich und gerundet.
7. Weiche Grundenergien sind angelegt, spiegeln sich in Mittelgesicht, Mund und Augen.
8. Pallium ist kurz und wirkt weich.
9. Linie Kinn-Kieferbogen ist markant und latent kantig.
10. Die Ohrläppchen sind fein, die unteren Augenlider sehr zart.
11. Unterlippe ist leicht betont, Nasenspitze gerundet, wenn auch klein und fein.
12. Die Kombination aus zwei Grundenergien (welche?) hat zur Folge, dass Pläne und Richtlinien unbedingt eingehalten werden sollen. Gelingt dies nicht, wird dieser Spannungszustand mit einem Gefühlsausbruch reguliert.

Aussage	Ausdrucksareal	Summe
1	+	=
2	+	=
3	+	=
4	+	=
5	+	=
6	+	=
7	+	=
8	+	=
9	+	=
10	+	=
11	+	=
12	+	=

Auflösung 1. Aufgabe:
Addieren Sie jeweils die Nummer aus der ersten Übersicht mit dem korrespondierenden Ausdrucksareal aus der zweiten Übersicht. Sie liegen richtig, wenn Ihre Berechnungen – aufsteigend von 1 – 12 – folgende Zahlenwerte ergeben:

13 – 23 – 21 – 19 – 16 – 14 – 12 – 14 – 8 – 6 – 4 – 6

Auflösung 2. Aufgabe:

Geschwindelt waren: Aussagen 8 und 9

Haarscharfe Beobachtungen
Ein Gespräch mit Ursula Roth

FI FACE-ination®: *Frau Roth, Sie sind seit vielen Jahren Friseurmeisterin und Inhaberin mehrerer Friseursalons in München. Sie beraten auch auf Basis der Physiognomik und setzen die Resultate anspruchsvoll um. Gibt es Ihrer Meinung nach einen Zusammenhang zwischen der Persönlichkeit Ihrer Kunden und deren Haarpracht?*

UR: Ja, ganz zweifellos. Ich kann täglich feststellen, in welch faszinierenden Wechselspiel die Grundpersönlichkeit des Kunden mit dessen Haar korrespondiert. Menschen mit viel GEFÜHL wünschen sich weiche, schmeichelnde Frisuren, sie tendieren auch dazu, sich mehr Licht und Helligkeit ins Haar bringen zu lassen.

Stark strukturierte Kunden dagegen wünschen sich Ausgewogenheit, finden Asymmetrie geradezu störend auf ihrem Kopf. Sie möchten, um es einmal so zu sagen »geordnete Frisuren«, die Klarheit signalisieren. Realistisch und praktisch veranlagte Kunden sind mit vielem einverstanden, solange man die Frisur mit den Fingern kämmen kann, diese einigermaßen natürlich aussieht und im Pflegeaufwand überschaubar bleibt. Große Auffälligkeiten vermeide ich hier lieber. Diese Menschen brauchen Zeit, um sich an eine neue, moderne Frisur zu wagen. Erst wenn sie diese im Straßenbild oft sehen, ist es okay für sie.

Ganz anders dagegen Kunden mit viel VISION; sie lieben die Extravaganz, sei es in Farbe, Form und Schnitt. Sie sind in der Regel sehr experimentierfreudig, machen alles mit, sind Trendsetter, Paradiesvögel und brauchen oft eine neue Frisur. Sie tragen das, was noch niemand hat. Wenn der Trend dann zur Mode wird, ist ihnen das schon wieder zu langweilig.

FI: *Gibt es Ihrer Beobachtung nach Parallelen zwischen der momentanen Energie, in der ein Mensch steht und dem Haarzustand?*

UR: Das haben Sie bestimmt schon bei sich selbst festgestellt: Nach anstrengenden Lebensphasen, wenn Sie also erschöpft sind oder krank waren, klebt Ihr Haar vermutlich am Kopf, ist ebenso saft- und kraftlos wie Sie selbst, wirkt leblos und stumpf. Dies alles, obwohl die Wissenschaft steif und fest behauptet, dass das Haar als solches tote Materie sei – und solche Phänomene somit völlig unlogisch sein müssten. Und doch zeigt meine Praxis das Gegenteil! Manchmal hat müdes Haar natürlich einfach auch hormonelle Ursachen. Für mich steht fest, dass die Haare schöner, voller und vitaler wirken, wenn der Träger entspannt ist, denn dann wird eine optimale Versorgung der Haare von innen heraus gewährleistet.

Sie müssen sich das folgendermaßen vorstellen: Unter der Kopfhaut sitzen sehr viele Nervenendigungen. Jedes Haar hat einen eigenen Haaraufrichtemuskel, der sich zum Beispiel bei Kälte, aber auch bei körperlichen Anspannungen und vermutlich auch bei seelischen Spannungen zusammenzieht. Diese Spannungen an der Kopfhaut verursachen dann in der letzten Konsequenz feineres Haar, denn die Versorgung des Haares wird nicht mehr richtig gewährleistet. Meine Vermutung geht sogar so weit, dass die Glatzenbildung – bei Mann oder Frau – auch diesen Hintergrund haben könnte.

Ich habe festgestellt, dass sich selbst die Verschiebbarkeit der Kopfhaut ändert: Ist mein Kunde stark angespannt, dann lässt sich die Kopfhaut nur schwer hin- und herschieben, ein anderes Mal – wenn flexiblere Zeiten für ihn angebrochen sind – ist sie beweglich und verschiebbar.

FI: Können Sie unseren Lesern etwas zur Wirbelbildung am Kopf sagen?

UR: Wirbel haben ihre eigenen Gesetzmäßigkeiten. Oft hält bei Umformungen der Haare die angestrebte Welle schlechter, chemische Flüssigkeiten werden mangelhaft angenommen, Farben fallen anders aus. Besonders problematisch wirkt sich das bei Menschen mit viel GEFÜHL aus, deren Haare sehr weich sind, die also der Verwirbelung wenig entgegenzusetzen haben. Ich habe außerdem beobachtet, dass sich Wirbel immer wieder ändern und drehen, neue kommen hinzu, andere verschwinden, so wie sich auch der Schädel mit seinen Dellen und Beulen immer wieder ändert und verformt. Ein direkter Zusammenhang besteht meines Erachtens zwischen innerer Weichheit und Bewegung im Haar. Werden Menschen nachgiebiger im positiven Sinn, dann macht deren Haar jede Bewegung mit und zeigt sich buchstäblich schwungvoller.

FI: Wie nehmen Sie Ihre Kunden beim ersten physiognomischen Scan wahr? Gibt Ihnen Physiognomik eine erste Orientierung?

UR: Ja unbedingt, ich taste bei der Erstberatung zunächst einmal vorsichtig ab, ob meine Vorschläge in Einklang stehen mit der äußeren Form des Kunden. Ich kann nur sagen, es stimmt immer! Ich kann mit diesem Wissen wesentlich gezielter ansprechen, beraten, vorschlagen und habe ein hohes Maß an Akzeptanz beim Kunden.

FI: Hat die vorherrschende Grundenergie Ihrer Kunden etwas zu tun mit deren Haarstruktur?

UR: Ganz sicher! Allgemein kann ich beobachten, dass sensible, empfindsame Menschen feinere und geschmeidigere Haare haben. Das trifft dann zu für Menschen mit viel GEFÜHL oder STRUKTUR. Menschen mit viel VISION, also mit hohem elektrischen Potenzial, neigen zu statischer Aufladung der Haare, auch zu störrischem Haar. Und meine Realisten beeindrucken immer wieder mit einem unnachahmlichen Schwung der Haare, durch kräftiges Haar, das allerdings auch Wirbel hat. Meiner Meinung nach unterstreicht das bei diesem Persönlichkeitsausdruck die Unverbiegbarkeit.

FI: Vielen Dank, Frau Roth, für dieses aufschlussreiche Interview – und viel Erfolg weiterhin beim Einsetzen der Physiognomik!

Punkt-Punkt-Komma-Strich, fertig ist das Mondgesicht?

Ein Gespräch mit Anneliese Hartmann

FI FACE-ination®: Frau Hartmann, als Visagistin und Maskenbildnerin sind Sie schon viele Jahre für Film und Fernsehen, am Theater und für Fotostudios tätig. Vom Showstar über den Politiker bis hin zum Charakterschauspieler sind unzählige Prominente sozusagen »durch Ihre Hände gegangen«. Wie gehen Promis mit ihrem Gesicht um?

AH: Für Menschen, die sich in der Öffentlichkeit bewegen, ist natürlich das eigene Gesicht extrem wichtig, es ist wie eine nonverbale Visitenkarte. Ich kenne fast niemanden, dem dies egal wäre. Prominente achten sehr darauf, ihr Gesicht möglichst lange durch gute Pflege in einem positiven Imagezustand zu halten. Sie wünschen sich von mir zumeist ein erholtes, harmonisches Aussehen, weil sie ganz genau wissen, dass jeder, der etwas erreichen will, gepflegt und gut aussehen muss.

Allerdings ist ihnen manchmal nicht bewusst, dass allzu viele Korrekturen falsche Signale setzen: Wussten Sie, dass Hollywood neuerdings Schwierigkeiten dabei hat, jüngere Schauspieler für Charakterrollen zu finden? Durch die heute absolut gängige Verjüngungspraxis des Injizierens von »Botulinum Toxin« werden in den unterspritzten Bereichen vorübergehend Muskeln lahm gelegt, die hier maßgeblich für die Mimik zuständig sind. Keine Mimik – kein Charakterausdruck mehr! So weit sind wir hier in Deutschland noch nicht, aber der Gesellschaftstrend geht ebenfalls dorthin.

Allgemein stelle ich immer wieder fest: Wer sein Gesicht so akzeptiert, wie es ist, ruht in sich und hat Charakter, ganz egal ob Mann oder Frau.

FI: Ein Experiment mit Fotos von Models hat gezeigt: Wenn man Model-Gesichter übereinander legt, dann ergibt sich eine Art Schablone und alle

Gesichter wirken gleich. Finden Sie auch, dass Models zum Einheitsgesicht neigen?

AH: Nein, ganz im Gegenteil, ich sehe Models ja zuerst ungeschminkt und kann sagen, dass sie eher nach dem Styling gleich aussehen, das Gesicht wird je nach Mode und Trend »gemacht«. Model-Gesichter müssen nicht schön, sondern wandelbar sein. Außerdem ist die Figur viel erheblicher als das Gesicht. Früher waren große, runde Augen in einem ovalen Gesicht die Grundbedingung, um modeln zu können, doch da hat sich viel gelockert, der Trend geht hin zu deutlich mehr Individualität. Schlupflider sind heute etwas ganz Normales auf den Laufstegen und in Hochglanzzeitschriften. Meiner Meinung nach gibt es sogar heute viel weniger große, runde Augen als noch vor zwanzig, dreißig Jahren. Das, was »Otto Normalverbraucher« als schön empfindet, sieht er nicht auf den Laufstegen. Dort wird die Parole »Auffallen um jeden Preis« ausgegeben. Manchmal werden Models ganz bewusst unattraktiv geschminkt, um Aufmerksamkeit zu erregen. Denken Sie an den »Heroinlook« oder sehen Sie sich die Gesichter in der Werbung an, beispielsweise für Designermarken: Schönheit ist gar nicht mehr so gefragt!

FI: Welche Reaktionen erfahren Sie von Menschen, die ein verunstaltetes Gesicht haben, zum Beispiel durch einen Unfall oder eine Krankheit?

AH: Jeder Mensch hat Schwierigkeiten damit, »sein Gesicht zu verlieren« – wie schon gesagt, das Gesicht ist wie eine Visitenkarte und hat zentrale Bedeutung für die Identität jedes Menschen. Aknepatienten beispielsweise, die unter schwerer Narbenbildung zu leiden haben, decken diese mit Camouflageprodukten ab, auch Feuermale werden so kaschiert. Psychische Probleme entstehen jedoch auch im Wechselspiel mit der sozialen Umwelt: Mimische Behinderung oder eine Entstellung des Gesichts werden allgemein als angstmachend und bedrohlich empfunden. Dies hat einen direkten Effekt auf das Erleben des Betroffenen, denn durch die Reaktion des Gegenübers wird so automatisch Distanz aufgebaut und ggf. Antipathie signalisiert. Das wiederum drückt sehr stark auf das Selbstwertgefühl des Betroffenen. Ein rein äußeres Wegschminken hilft zumeist wenig, beim Aufbau eines Selbstbewusstseins unterstützt eine psychotherapeutische Begleitung oft viel mehr.

FI: Wie steht es Ihrer Meinung nach mit den Falten, die ja als Ausdruck eines gelebten Lebens gleichzeitig für das Älterwerden stehen?

AH: Falten symbolisieren für mich und meine Arbeit immer auch Charakterzüge: Die »Zornesfalte« schminke ich bei cholerischen Charakteren zwischen die Augenbrauen und ziehe sie in Richtung Stirn hoch, beim Harlekin schminke ich Wangengrübchen und schattiere sie aus. Dieses Wissen ist durch Erfahrung und Beobachtung entstanden. Falten gehören zum Charakterdarsteller, doch gesellschaftlich erlebe ich gerade in meiner Umgebung, dass die so genannten »Botox-Partys« populärer werden (Botox = Botulinum Toxin, eine nicht ungefährliche Substanz, die als Indikation gegen Falten gespritzt wird. – Anm.d.Verf.). Bei einem Gläschen Champagner wird der Jugendlichkeit immer häufiger nachgeholfen, denn Falten sind heute ein Zeichen dafür, dass der Mensch verbraucht ist und keine Leistung mehr bringen kann. Das ist übrigens auch für Schauspieler und Models ein großes Handicap.

FI: Welche Möglichkeiten nutzen Sie als Profi noch, um den Charakter einer Rolle maskenbildnerisch zu verstärken?

AH: Das passiert in vielen Fällen über die Augenbrauen: Lieschen Müller bekommt kleine, kurze Brauen, die den Eindruck von Naivität entstehen lassen, der Clown dagegen runde, eine Nörgler-Rolle verlangt nach eng zusammenstehenden Augenbrauen mit vielen, auch struppigen Härchen. Hexen dagegen schminke ich überspitzte Augenbrauen. Für mich sind Augenbrauen wie der Rahmen eines Bildes: Sie akzentuieren das Gemälde und unterstreichen den Inhalt des Gesichts.

Außerdem gibt es natürlich noch andere Visagistentricks: Zur Hexe gehört ein vorspringendes Kinn, zum Teufel noch spitze Ohren, die Bauersfrau bekommt Apfelbäckchen usw.

FI: Woher wissen Regisseure, welche Schauspieler sie für bestimmte Rollen engagieren können?

AH: Es gibt in unserer Branche die so genannte »Red Box«, der wie ein »Pschyrembel für Film und Fernsehen« zu verstehen ist. Dort finden Sie für die eingetragenen Schauspieler jeweils eine Seite mit einem detaillierten Bodyscan und

Informationen darüber, welche Rollen schon gespielt wurden – und natürlich ein Frontal- und ein Profilfoto, das dem Regisseur die Auswahl erleichtert. Auf der anderen Seite wird so oft ein »Typ« aus einem Künstler gemacht, ein Klischee bildet sich und engt die Bandbreite der Darstellung ein. Denken Sie doch mal an J.R. aus »Dallas«: Nach dieser Rolle wollten die Zuschauer ihn, Larry Hagman, am liebsten nur noch als Dauerbösewicht sehen!

FI: Können Sie bestätigen, dass mit der maskenbildnerischen Verwandlung des Gesichts auch ein Hineinschlüpfen in die jeweilige Rolle einhergeht?

AH: Auf jeden Fall! Für den Darsteller ist diese Zeit auch innere, psychische Vorbereitungszeit auf seinen Einsatz. Bestimmte Charakterzüge sollte der Darsteller mitbringen, sonst gelingt eine glaubwürdige Vermittlung vor dem Publikum schwer. Manche Schauspieler spielen sich richtiggehend selbst. In diesem Zusammenhang fällt mir ganz persönlich das Thema »Doppelgänger« ein: Schon als Kind bin ich oft verwechselt worden. Wildfremde Menschen haben mich begrüßt, mit anderem Namen angesprochen und mir immer wieder erstaunt versichert: »Du siehst aus wie ...!« Das hat mich innerlich verstimmt, und heute stelle ich fest, dass es auch anderen Menschen so geht. Offensichtlich ist das Gesicht auch Ausdruck unserer Einmaligkeit auf dieser Welt – und wer hört es schon gerne, dass er Duplikate hat!

FI: Vielen Dank, Frau Hartmann, für diese interessanten Insider-Informationen, die zeigen, wie stark Gesicht, Image und Persönlichkeit miteinander verbunden sind.

Was wissen wir nun über den Menschen?

Die Physiognomie des menschlichen Gesichts versteht sich heute als ein überaus interessantes Wissensgebiet für viele Universitäten im In- und Ausland. Bei den Buchempfehlungen finden Sie unter anderem das Buch *Gesicht und Persönlichkeitseindruck* von Dr. Ronald Henss, der hierzu Lehr- und Forschungstexte verfasst hat.

Unser Wissen um den Ausdrucksgehalt von Gesichtern beschränkt sich jedoch nicht nur auf die mimischen Bewegungen im Gesicht, sondern dehnt sich auch auf die konstanten Formen aus. Wir alle verfügen mehr oder minder bewusst über derartige Informationen, die uns helfen, unser Gegenüber einzuschätzen. Diese Fähigkeit nennt man *Menschenkenntnis*.

Eigene Erfahrungen sind im Übrigen Parameter, die wir in unserem Alltag durchaus akzeptieren: Woher wussten Sie als Kind, dass eine rot glühende Herdplatte bei Berührung zu großen Schmerzen und unangenehmen Gefühlen führt? Sie haben es erfahren – und aus dieser Erfahrung leiteten Sie eine für Sie gültige Wahrheit ab. Deshalb haben Sie sich vermutlich dafür entschieden, es in Zukunft nicht noch einmal auszuprobieren und Herdplatten im Allgemeinen einen entsprechenden Respekt entgegenzubringen.

Für das Bestehen unserer Spezies im Laufe der Evolution war die Fähigkeit, auf veränderte Umweltanforderungen mit Flexibilität und Geschick zu reagieren, überlebensnotwendig. Der Stärkste überlebte, gab seine Gene an die nächste Generation weiter und sicherte auf diese Weise die Monopolstellung des Menschen im Rahmen der Gesamtschöpfung. Lange Zeit stand tatsächlich das Prinzip der »Durchsetzung des Stärksten« im Vordergrund. Mithilfe der rekonstruierten Physiognomie aus Schädel- und Knochenfunden konnten Anthropologen jedoch klar erkennen, dass körperliche Kraft in der jüngeren Entwicklungsgeschichte der Menschheit eine zunehmend untergeordnete Rolle spielte und zugunsten geistiger Entwicklung zurückstehen musste.

Heute geht es vielmehr in hohem Maße darum, in der Gemeinschaft mit anderen einen sozial verträglichen Weg zu finden, um Neues zu schaffen, zu kultivieren und ganz bewusst in das Ökosystem dieses Planeten einzupflegen. Dies wird vermutlich auch im kommenden Jahrtausend für den Menschen als Individuum und die Menschheit per se von entscheidender Bedeutung sein. Die größte Herausforderung unserer Zeit liegt auch weiterhin darin, bestehende Strukturen ständig in Frage zu stellen und sie an neue, immer schneller wechselnde Gegebenheiten anzupassen. Sie besteht aber auch darin, das Bewusstsein zur Entfaltung zu bringen und ein humanes Miteinander anzustreben – trotz aller Turbulenzen. Denn nur so hat das »Experiment Mensch« auch künftig eine Chance.

In unserem Buch haben wir die menschliche Persönlichkeit aus einer neuen, psycho-physiognomischen Sichtweise geschildert: Sie haben erkannt, dass die von uns mit den Begriffen GEFÜHL, STRUKTUR (Verstand), REALITÄT (Verwirklichung) und VISION (Veränderung) definierten Anteiligkeiten in uns allen – unterschiedlich stark ausgeprägt – vorhanden sind.

Diese Unterschiede machen das Faszinosum Mensch aus. Dabei ist es gewiss nicht immer leicht, zum anderen eine Brücke zu bauen, der scheinbar so ganz »anders gestrickt« ist als man selbst. Denn Andersartigkeit können wir nie so ohne weiteres an unserem Gegenüber akzeptieren. Anders zu sein bedeutet auch immer, irgendwo ein Defizit zu haben, das ein anderer nicht hat, etwas nicht zu können, was der andere kann. Doch gerade das lässt sich als willkommene Herausforderung betrachten: Physiognomik gibt uns die Möglichkeit, den Mitmenschen und sich selbst (!) mit mehr Verständnis zu betrachten, eigene Potenziale zu sehen und dem anderen in seinem Sosein respektvoll zu begegnen.

Machen wir uns klar: Wir sind in vielen Punkten einzigartig und heben uns ab mit Fähigkeiten, die der beneidete Mitmensch so nicht hat. Jede Persönlichkeit ist etwas Einmaliges, mit sehr persönlichen Eigenschaften und höchst individuellen Strukturen.

Niemand muss oder kann alles können. Unser Selbstbewusstsein und die Definition unseres Wertes muss unbedingt uns selbst entspringen, um gehaltvoll zu sein. Sich mit anderen zu messen oder zu vergleichen führt uns garantiert weit weg von diesem Ziel. Es wird immer jemanden geben, der schneller läuft, weiter springt, rascher denkt oder tiefer fühlt als wir. Solche Maßstäbe lassen Minderwertigkeitsgefühle aufkeimen – und die Geschichte ist voll von Menschen, die andere mit ins Verderben rissen aus dem Bedürfnis heraus, ihre Komplexe mit Größenwahn zu kompensieren. Dieses Phänomen zieht sich durch alle Kulturen, Länder und Epochen und scheint typisch menschlich zu sein.

Wesentlich ist daher, sich stets seiner eigenen Entwicklungsmöglichkeiten bewusst zu bleiben, das Rad des Lebens in Gang zu setzen und sich dabei selbst treu zu bleiben. Hermann Hesse formulierte es so: »Es gibt für mich keinen anderen Weg der Entfaltung und Erfüllung als den der möglichst vollkommenen Darstellung des eigenen Wesens nach dem Gebot: ›Sei du selbst!‹.«

Alexander Pentland beschreibt eine rechnerische Größe von 10^{200} möglichen Gesichtern. Angesichts dieser astronomisch hohen Zahl von Formbezügen kommen wir ins Staunen.

Wie Sie mittlerweile wissen, steht jedes definierte Ausdrucksareal in Beziehung zu einem anderen, stärkt oder schwächt die Aussagekraft und gibt unserer Interpretation eine eigene Schattierung. Unsere Schlussfolgerung in Bezug auf diese Tatsache kann deshalb nur lauten: Beschränken Sie sich auf Aussagen, die auf *Erfahrung* und nicht auf Mutmaßung beruhen. Beim Aufstellen von Thesen und Theorie sollten wir alle bemüht sein, sie als solche zu kennzeichnen.

Unser Buch versteht sich als entwickelte Theorie, die sich auf langjährige Beobachtung und Erfahrung stützt. Es ist nun an Ihnen, unsere Erfahrung zu überprüfen, sie für sich zu entdecken und eigene Rückschlüsse zu ziehen.

In diesem Sinn sprechen wir zum Schluss die Einladung an Sie aus, *FACE-ination: Faszination Gesicht*® zu erweitern und zu qualifizieren. Glauben Sie nichts, sondern prüfen Sie. Zweifeln und verwerfen Sie – und behalten Sie das Beste aus alledem.

Wir freuen uns auf Ihre Erfahrungen und Erkenntnisse, Ihre Fragen und all das, was Sie sonst noch bewegt. Ihre Anregungen beziehen wir gerne in unsere Arbeit mit ein.

Stephanie Palm & Armin Pinl
Frühjahr 2004

Ein kleines Dankeschön ...

»Qualität kommt von Qual« – in diesem Ausspruch liegt mehr als ein Körnchen Wahrheit: Ein Buch zu schreiben hat mit einer Geburt viel gemeinsam – und zwar in allen Phasen. Zu Beginn dachte ich: »Endlich ist es so weit!« – denn seit Jahren schon waren Wunsch und Plan in meinem Kopf. Ungefähr zur Halbzeit mischte sich in die immer noch ungebremste Freude am Schreiben schon eine spürbare Ernsthaftigkeit. Denn es wurde deutlich: So schön die Vision des gedruckten Werkes auch sein mochte, das war richtig viel Arbeit, und anstrengend dazu! Zum Schluss wurde es dann richtig »schmerzhaft«, ganz nach dem Motto jedes Geburtsvorganges: »Jetzt gibt es kein Zurück mehr – da musst du durch!« Das ist inzwischen längst vergessen, und ich danke an dieser Stelle meinem Mann Ulrich und meiner Tochter Katrin, die mich liebevoll, kritisch und humorvoll durch persönliche und schriftstellerische Höhen und Tiefen begleitet haben.

Ich bedanke mich bei Armin Pinl für fachlichen Schliff und sachliche Kompetenz, die er mir über Jahre hinweg in Seminaren, Fortbildungen und zum Schluss in unserer gemeinsamen Bucharbeit gegeben hat.

Und sehr herzlich danke ich all den Frauen meines Netzwerkes, meinem Erfolgsteam und meinen SeminarteilnehmerInnen, die mich zu jeder Zeit wohlwollend unterstützt und motiviert haben.

Stephanie Palm
März 2004

Am Ende eines Buches denjenigen zu danken, die in irgendeiner Form Beitrag am Entstehen geleistet haben, ist zu einer schönen Tradition geworden ...

... also danke ich vielen meiner Freunde, die an dieses Buch schon geglaubt haben, als es noch keines, noch nicht einmal eine Idee gab. Ebenso den vielen Seminarteilnehmern der vergangenen Jahre, die mich mit Aufmerksamkeit beschenkten. Von ihnen habe ich das meiste gelernt. Wer sich auf den Weg macht, um das weite Universum der menschlichen Physiognomie zu ergründen, braucht Menschen um sich, die ihn lehren, erste Schritte zu gehen. Ich hatte und habe das Glück, bemerkenswerte Persönlichkeiten wie Wilma Castrian, Otto Gerhold und Karlheinz Raab zu kennen. Sie halfen mir an vielen Punkten in den vergangenen Jahren, Orientierung und Klärung zu finden, und ich hoffe, auch in ihrem Sinne dieses Buch geschrieben zu haben. Ganz besonders aber danke ich Stephanie Palm, die mich immer wieder auf den Boden der Tatsachen gebracht hat und mir half, verständlich zu machen, was ich eigentlich sagen wollte.

Armin Pinl
März 2004

Unser beider Dank gilt ganz besonders Herrn Joachim Schüler vom »Grafik Design Büro 25« in Fulda, der uns bei der grafischen Darstellung unserer Persönlichkeitsanteile mit seinem Einfühlungsvermögen und technischem Know-how zur Seite stand. Wir danken auch allen Damen und Herren, die sich (aus Datenschutzgründen anonym) als Fotomodell für unser Projekt zur Verfügung gestellt haben sowie unseren Interviewpartnerinnen, Frau Anneliese Hartmann in Nürnberg und Frau Uschi Roth von »Roth Friseurwelt« in Ottobrunn bei München.

Buchempfehlungen

Bischof, Marco: *Biophotonen – Das Licht in unseren Zellen*. Zweitausendeins, Frankfurt/Main 1995
Capra, Fritjof: *Das Tao der Physik*. Droemer Knaur, München ²2000
Castrian, Wilma: *Lehrbuch der Psycho-Physiognomik*. Medizin-Verlage, Stuttgart ²2002
Darwin, Charles: *Der Ausdruck der Gemütsbewegungen bei den Menschen*. Eichborn, Frankfurt/Main 2000
Duden: Das Herkunftswörterbuch. Dudenverlag, Mannheim
Ferronato, Natale: *Pathophysiognomik*. Kürbis, Utikon-Waldegg 2000
Geo: August und September 1998. Gruner & Jahr, Hamburg
Glanzmann-Krstin, Werner: *Kraftrichtungsordnung*. PPV Psycho-Physiognomik-Verlag, Schwanstetten 1998
Henss, Ronald: *Gesicht und Persönlichkeitseindruck*. Hogrefe, Göttingen 1998
Kupfer, Amandus/Kupfer, Siegfried/Schärer, Paul: *Grundlagen der Menschenkenntnis, Studienband I*. PPV Psycho-Physiognomik-Verlag, Schwanstetten ³¹2001
Kupfer, Amandus/Kupfer, Siegfried/Schärer, Paul: *Grundlagen der Menschenkenntnis, Studienband II*. PPV Psycho-Physiognomik-Verlag, Schwanstetten ²⁸2002
Lichtenberg, Georg Chr.: *Über Physiognomik wider die Physiognomen*. Carl Huter, Zürich 1996
McNeill, Daniel: *Das Gesicht – Eine Kulturgeschichte*. Goldmann, München 2003
Müller, Manfred: *Das Gesicht als Spiegel der Gesundheit*. Medizin-Verlage, Stuttgart 2000
Raab, Karlheinz: *Dein Gesicht – Der Spiegel Deiner Gesundheit*. PPV Psycho-Physiognomik-Verlag, Schwanstetten ²2001
Schels, Walter: *Das offene Geheimnis*. Mosaik, München 2001
Winkler, Eike/Schweikhardt, Josef: *Expedition Mensch*. Ueberreuter, Wien 1982

Stephanie Palm,
geb. 1960,
ist erfahrene Imageberaterin und Expertin für Markenbildung in Firmen und bei Privatpersonen.

Sie liefert das Know-how für die gelungene Verbindung von innerer Haltung, äußerem Erscheinungsbild und deren Wirkung auf andere. Seit Jahren erarbeitet sie individuelle Profile für Menschen im Beruf, vermittelt Firmen ein Bewusstsein für die vorhandene Unternehmensmarke und motiviert MitarbeiterInnen zur aktiven Umsetzung.

Mit maßgeschneiderten Konzepten, auf ungewöhnlichen Wegen und mit fundiertem Wissen unterstützt sie Führungskräfte, Entscheider und Teams ebenso wie Privatpersonen, die ihre Erscheinung und Ausstrahlung eindrucksvoll intensivieren wollen. Ihr Credo für Persönlichkeit lautet: »Ihr Ich prägt das Innen. Ihr Innen wirkt nach außen. Im Außen schärft sich Ihr Profil – als Basis für erfolgreiches Miteinander.«

Stephanie Palm lebt mit ihrer Familie in München.

Nähere Informationen zu ihrer Tätigkeit, zu Imageberatung, Markenbildung und FACE-ination: Faszination Gesicht® erhalten Sie unter:

Stephanie Palm, Eversbuschstr. 235, D-80999 München
Tel. 0049/(0)89/81 80 17 88, Fax 0049/(0)89/81 88 97 86

Mail: info@stephanie-palm.de; info@faszinationgesicht.de

Homepages: www.stephanie-palm.de; www.faszinationgesicht.de

Armin Pinl,
geb. 1967,
ist erfahrener Trainer für Psycho-Physiognomik.

Er arbeitet seit mehr als 14 Jahren zum Thema und unterstützt Menschen darin, im Gesicht ihre ganz persönlichen Begabungen, Potenziale und Wesenszüge zu erkennen und sie sinnvoll zu nutzen. Das faszinierende Wissen um physiognomische Merkmale gibt er in zahlreichen Seminaren, Vorträgen und Fachartikeln weiter. Er berät in Einzel-, Paar- und Gruppengesprächen und ist gefragter Referent bei Heilpraktikern, Therapeuten sowie in Wirtschaftsunternehmen.

2001 begann seine Zusammenarbeit mit Stephanie Palm. Aus dem Bedürfnis, für Lernende und Orientierungssuchende das Thema Psycho-Physiognomik leichter zugänglich zu machen, entstand das vorliegende Buch. Es ermöglicht einen fundierten, anschaulichen Einstieg in die Sprache des Gesichts.

Nähere Informationen zur Tätigkeit von Armin Pinl und zu FACE-ination: Faszination Gesicht® erhalten Sie unter:

Armin Pinl, Carl-Dürr-Straße 8, D-90596 Schwanstetten
Tel.: 0049/(0)172/263 98 34, Fax: 0049/(0)9170/74 49

Mail: armin.pinl@web.de

Homepages: www.arminpinl.de; www.face-ination.de

Ungewöhnliche Wege zur Selbstakzeptanz

Es ist nichts verkehrt daran, wie wir sind. Doch es fällt schwer, das zu glauben. Schließlich hat man uns beigebracht, dass Selbstkritik gut und wichtig ist. Selbstkritik bewahrt uns vor Überheblichkeit, Egoismus und macht uns zu besseren Menschen, richtig? Falsch, sagt Zen-Lehrerin Cheri Huber. Auf unkonventionelle Art und in einer wunderbar leicht zugänglichen Sprache unterstützt sie uns darin, uns selbst vorbehaltlos zu akzeptieren – genauso, wie wir sind. Wir brauchen nicht Selbst*kritik*, sondern Selbst*liebe*. Denn Menschen, die sich voll und ganz geliebt fühlen, sind nicht egoistisch. Sondern liebevoll und glücklich.

Cheri Huber
NICHTS AN DIR IST VERKEHRT
Ungewöhnliche Wege zur Selbstakzeptanz
256 Seiten. Kartoniert
ISBN 3-466-30648-5

Kompetent & lebendig.
PSYCHOLOGIE & LEBENSHILFE

Kösel-Verlag, München, e-mail: info@koesel.de
Besuchen Sie uns im Internet: www.koesel.de

Die *Schönheit* der *Persönlichkeit* zeigen

Selbstbewusst leben, authentisch sein: Dieses Buch macht Sie mit Ihrer Einzigartigkeit bekannt und mit sieben positiven Glaubenssätzen, die Ihr persönliches Potential in Schwingung bringen. Es öffnet das Tor zu einer positiven Ausstrahlung und zeigt, wie wunderbar es ist, sein inneres Licht nach außen zu tragen.

Mit vielen Hinweisen zur Kraft der Farben, zu Kleidung, Stil und Körpersprache, die helfen, die eigene Wirkung zu steigern.

Regina Först
AUSSTRAHLUNG
Wie ich mein Charisma entfalte
132 Seiten. Mit zahlreichen Fotos.
Gebunden
ISBN 3-466-34449-2

Kompetent & lebendig.
PSYCHOLOGIE & LEBENSHILFE

Kösel-Verlag, München, e-mail: info@koesel.de
Besuchen Sie uns im Internet: www.koesel.de